博士论文
出版项目

财政分权与公共品供给

空间分析及制度优化

Fiscal Decentralization and Public Goods Supply
Spatial Analysis and Institutional Optimization

阙 薇 著

中国社会科学出版社

图书在版编目(CIP)数据

财政分权与公共品供给：空间分析及制度优化／阙薇著 . —北京：中国社会
科学出版社，2023.2
ISBN 978 - 7 - 5227 - 1556 - 8

Ⅰ. ①财… Ⅱ. ①阙… Ⅲ. ①财政分散制—研究—中国②公共物品—
供给制—研究—中国 Ⅳ. ①F812.2②F20

中国国家版本馆 CIP 数据核字（2023）第 039165 号

出 版 人	赵剑英	
责任编辑	王 曦	
责任校对	李斯佳	
责任印制	戴 宽	

出　　版	中国社会科学出版社	
社　　址	北京鼓楼西大街甲 158 号	
邮　　编	100720	
网　　址	http://www.csspw.cn	
发 行 部	010 - 84083685	
门 市 部	010 - 84029450	
经　　销	新华书店及其他书店	

印　　刷	北京君升印刷有限公司	
装　　订	廊坊市广阳区广增装订厂	
版　　次	2023 年 2 月第 1 版	
印　　次	2023 年 2 月第 1 次印刷	

开　　本	710 × 1000 1/16	
印　　张	13.25	
插　　页	2	
字　　数	188 千字	
定　　价	76.00 元	

凡购买中国社会科学出版社图书，如有质量问题请与本社营销中心联系调换
电话：010 - 84083683

出 版 说 明

　　为进一步加大对哲学社会科学领域青年人才扶持力度，促进优秀青年学者更快更好成长，国家社科基金 2019 年起设立博士论文出版项目，重点资助学术基础扎实、具有创新意识和发展潜力的青年学者。每年评选一次。2021 年经组织申报、专家评审、社会公示，评选出第三批博士论文项目。按照"统一标识、统一封面、统一版式、统一标准"的总体要求，现予出版，以飨读者。

全国哲学社会科学工作办公室

2022 年

前　言

　　党的十八届三中全会以前所未有的历史高度，赋予财政以"国家治理的基础和重要支柱"的战略定位。"十四五"规划明确拟定"建立现代财税体制，提升政府治理能力"目标。财政的地位和功能已超出经济范畴，承担着推进国家治理现代化的重要职能，支撑着"两个一百年"的奋斗目标，继承着中华民族伟大复兴的中国梦。基于此，探究如何将财政作为实现国家目标的主要手段和工具，重点保障和服务好国家发展目标和政策重点，已成为统筹国内外两个大局亟待解决的重大现实问题。中央政府和地方政府的关系是研究财政问题的关键，同样也是剖析中国经济发展之迅猛的制度核心。在经济要素与财政要素的区域联动性日趋复杂的背景下，探究政府间财政关系的空间溢出效应，能够在反映财政一般性特征基础上兼顾突出中国特色，不仅是提炼中国特色社会主义财政理论的基础性工作，也是建立现代财政制度的前提条件。本书所撰写的内容为财政分权与公共品供给的空间分析及制度优化，可为科研人员、技术分析人员等提供相关领域的理论方法和技术参考，并为政府主管部门提供决策咨询参考。

　　湖南大学经济与贸易学院阚薇老师课题组长期从事政府间财政关系、财政政策评估、空间方法探索、财政风险与精准调控等研究，其成果为如何提高以有限公共资源统筹全国统一大市场目标的财政管理能力上贡献了重要理论与技术支持，进而为大国财政积极参与全球治理提供了新思路。依托国家社会科学基金优秀博士论文后期资助项目，本书开展了大量与政府间财政关系相关的研究工作，并取得了一系列的研究成果。基于此，本书从央地财政关系出发，沿着"财政分权解析→机制识别与效应模拟→分权制度优化"的逻辑主线，首先解析中国特色的财政分权体制；其次厘清分权对地方公共品供给多重效应的内在机制并实施量化模拟评估；最后优化财政分权制度。本书可让读者从财政分权对公共品供给的规模效应、外溢效应、偏好效应和环境效应四个方面，全面深入地获取有关政府间财政关系的政策空间评估信息。

　　本书撰写过程中得到导师张亚斌教授的指导，本书也得到很多老师和同学的支持和帮助。在此表示衷心的感谢！

　　由于作者水平有限，书中难免出现疏漏和不当之处，敬请读者批评指正。

阙　薇
2022 年 8 月

摘　　要

　　党的十八届三中全会强调"财政是国家治理的基础和重要支柱"，同时提出"建立现代财政制度，发挥中央和地方两个积极性"的重要方针。近年来，为适应经济高质量发展的新时代要求，政府间财政关系在事权和财权维度上的高频率调整和规范，使得经济要素与财政要素的区域联动性和空间溢出性日趋复杂。然而，现有方法论对于财政分权运行效果的讨论并未考虑其空间异质性，大大低估了财政分权的影响。事实上，在政治晋升和经济激励双重压力下，地方经济发展既受限于辖区内部市场的约束，又无法摆脱辖区外部市场的溢出影响，因此中国地区间的策略互动意味着如若忽视财政分权的空间溢出和空间博弈关系，将削弱研究的现实解释力。LeSage 等（2012）基于偏微分矩阵计算模型测度了自变量的空间效应，相对传统点估计方法可以得到更准确的结果，能够为捕捉地区之间的空间溢出效应提供新视角。运用前沿技术方法较为全面地刻画财政分权运行规律，在反映财政一般性特征的基础上兼顾突出中国特色，不仅是提炼中国特色社会主义财政理论的基础性工作，也是建立现代财政制度的前提条件。"十四五"开局伊始，《中共中央关于制定国民经济和社会发展第十四个五年规划和二〇三五年远景目标的建议》进一步指出"明确中央和地方政府事权与支出责任"的重要任务，并要求"建立现代财税体制，提升政府治理能力"，为中国式财政分权领域的研究提供了思考方向和路径指引。如何科学解析财政分权运行规律、如何科学研判财政分权影响效果、如何科学优化财政分权制度体系，是新时代财政工作者亟待认真探讨并深入研究的重要课题。

中央政府和地方政府的关系是研究公共经济问题的关键，同样也是剖析中国经济发展之迅猛的制度核心，因此本书试图从中央和地方财政关系出发，沿着"财政分权解析→机制识别与效应模拟→分权制度优化"的逻辑主线，首先解析中国特色的财政分权体制；其次厘清分权对地方公共品供给多重效应的内在机制并实施量化模拟评估；最后优化财政分权制度。本书紧紧围绕绪论（第一章）、财政分权解析（第二章）、机制识别与效应模拟（第三—六章）、分权制度优化（第七章）四部分展开，核心内容涵盖了财政分权对公共品供给的规模效应、外溢效应、偏好效应和环境效应，结论如下：

（1）财政分权的收入端和支出端对不同政府规模的影响存在差异，且支出端分权对地方政府规模存在阈值效应，受转移支付依赖度、供给地方性公共品能力和公共支出结构的影响，这是本书的主要观点之一。①事权下放和财权下放的作用相反，财权下放不利于控制中央政府规模，而事权下放表现出显著的正向促进作用；②支出端分权对地方政府规模的影响受转移支付依赖度、地方性公共品供给能力和公共支出结构这三个变量冲击呈现门槛值效应。政策建议：降低各地方政府对中央转移支付的依赖程度；完善地方政府行为约束机制以提升地区性公共品供给能力；强化社会保障性支出，发挥财政对社会资金的撬动力。

（2）财政分权的收入端和支出端对地区间公共开支的影响程度受到公共品性质的影响，即互补性和替代性，同时也受到分配政策和公共品供给结构的影响，且其空间外溢效应受空间地理距离影响存在差异是本书的主要观点之二。①收入端分权与外溢公共品供给呈负相关；若本地和外溢公共品是替代品或 MRS 大于 $-1/G_D^j$ 的互补品，则事权下放可能会扩大当地公共品供给；②地理邻近空间权重矩阵（CBW）的溢出效应显著大于经济空间权重矩阵（EBW），证明了对于地理上相邻但不具有经济邻近的地方政府之间，其竞争和模仿行为更普遍。政策建议：公共品供给的空间证据表明地方政府可采取区域联合的发展模式，减少稀缺资源的浪费，建立地理上相互联系的城市发展群，以实现区域公共品供给质量的提升。

（3）财政分权的收入端和支出端通过地方资本投入系数和地方税收来影响生产要素分配的机制，且其对资本要素和劳动要素的分配影响存在差异是本书的主要观点之三。①收入端分权的增加导致生产要素分配倾向于资本；支出端分权最终降低资本分配的比例，而增加劳动力分配的比例；②以经济发展为导向的支出确实促进了生产要素分配向资本要素倾斜，而以社会公平为导向的财政支出将会提高劳动报酬的比例。政策建议：注重支出偏好的调整，如推进地方政府绩效考核制度，建立双向政治激励和有效转移支付制度，监督地方支出。

（4）财政分权的支出端与收入端对环境污染的影响存在较大差异，且市场分割起到了加剧财政分权对环境污染影响的作用是本书的主要观点之四。①事权下放既可能因污染成本外溢而改善当地环境，却又可能因地方政府过度投资一些见效快、收益好的产业而导致污染问题愈发严峻；②事权下放对环境污染的正效应大于负效应，说明在要素分割市场上，财政分权对环境污染的作用不容忽视。政策建议：适度加强中央事权的同时明晰中央政府与地方政府的共有事权。事权下放程度越高越可能加剧地方政府PTG，须对地方政府实施约束和控制以减少低效率重复生产导致的污染压力。

关键词：中国式财政分权；地方政府规模；公共品供给外溢；公共支出偏好；环境治理

Abstract

The Third Plenary Session of the 18th CPC (Community Party of China) Central Committee emphasized that "public finance is the foundation and essential pillar of national governance", advancing the imperative orientation of "establishing a contemporary fiscal system and fully supporting both national and local initiatives". The high-frequency adjustments and regulations of inter-governmental fiscal relations in both expenditure and revenue power in the past decades have recently intensified the complexity of the regional linkage and spatial spillover between economic and fiscal elements in order to fulfill the expectations of high-quality economic development in present context. However, the spatial heterogeneity of fiscal decentralization has not been incorporated in existing methodology, leading to a significant underestimation of its comprehensive impact. In fact, under the dual pressure of political promotion and economic incentives, local development is constrained by the restrictions of the internal market under its jurisdiction, as well as by the spillover effect of the external market, which is the case of strategic interaction between regions. It indicates that if the spatial spillover and space game of fiscal decentralization are ignored, the practical explanatory power of the research will be substantially weakened. LeSage et al. (2012) measured the spatial effect of independent variables based on the partial differential matrix calculation model, which offers a fresh perspective for capturing the spatial spillover effects between regions since it yields results that are more precise than those from conventional point estimation techniques. The operational rule of fiscal decentralization might be explained using cutting-edge technology in a way that highlights Chinese peculiarities while reflecting the fundamental traits of finance. Such research is necessary not only to refine the socialist fiscal theory with Chinese features, but also to set up a modern fiscal system. In the early stages of the 14th Five-Year Plan, General Secretary Xi Jinping further proposed in *Suggestions of the Central Committee of the Communist Party of China on Formulating the 14th Five-Year Plan for National Economic and Social Development and the Long-term Goals for 2035*, "clarifying the central and local governments' expenditure powers and expenditure responsibilities" as well as "establishing a modern fiscal system and enhancing governance capabilities". This provides a conceptual direction and route guidance in the research field of Chinese-style fiscal decentralization. Consequently, the public financial staff members urgently need to engage in thorough consultations about serious issues such as how to scientifically analyze the operating law of fiscal decentralization, how to objectively assess the effect of fiscal decentralization, as well as how to comprehensively optimize the fiscal system.

The interaction between central and local government is the key issue of public finance and the fundamental framework for analyzing the brisk expansion of the Chinese economy. Therefore, this book makes an effort to begin with the link between the central and local finances, and to analyze the effect of local public goods supply against the backdrop of decentralization. This book follows the logic line of "fiscal decentralization analysis → mechanism identification and effect simulation → decentralization system optimization", firstly analyzes the fiscal decentralization system with a focus on Chinese characteristics; secondly clarifies the internal mechanism of the multiple effects of decentralization on the supply of local public goods and implements the quantitative simulation; finally optimizes the fiscal system. This book consists of four parts: Introduction (Chapter 1), Analysis of Fiscal Decentralization (Chapter 2), Mechanism Identification and Simulation of Comprehensive Effects (Chapters 3 – 6), and Optimization of Decentralization System (Chapter 7). The following research starts from the scale effect, spillover effect, preference effect and environmental benefit of fiscal decentralization:

(1) The first major thesis of this book is that the revenue and expenditure sides of fiscal decentralization exert entirely distinct impacts on government scales, furthermore, the expenditure decentralization has a threshold effect on the size of local governments, depending on transfer payments, the capacity to provide local public goods and the structure parameters governing public expenditure. ①Revenue and expenditure decentralization play opposing roles, with the former making it difficult to regulate the size of the central government while the latter shows a strong positive promotion impact; ②When it comes to the decentralization at the expenditure side, the three factors- transfer payment dependence, local public goods supply capacity, and public expenditure structure-have an impact on the scale of local governments and exhibit a threshold effect. Policy recommendations include diminishing the dependency of local governments on central transfer payments; improving the behavioral restraint mechanism of local governments to enhance the supply capacity of regional public goods; strengthening social security spending to give rein to the incentive for fiscal spending to leverage private funds.

(2) The second main theme of this book is that the extent to which the revenue and expenditure sides of fiscal decentralization affect local public spending by the characteristics of public goods, respectively, that is, complementarity and substitutability, as well as by distribution practices and the supply structure of public goods. Plus, the spatial spillover

effect varies due to the spatial and geographical distance. ①Revenue decentralization is negatively correlated with the supply of spillover public goods. Specifically, if local public goods and spillover public goods are substitutes or complements with MRS greater than , expenditure decentralization may expand local public goods supply; ②The spillover effect of geographic proximity weight matrix (CBW) is significantly larger than the economic weight matrix (EBW), proving that competitive and imitative behaviors are more common among local governments which are geographically adjacent but not economically. Policy suggestion: the spatial evidence of public goods supply demonstrates that local governments can adopt a regional joint development model to alleviate the waste of scarce public resources and establish geographically interconnected urban development clusters with the ultimate goal of raising the standard of regional public goods supply.

(3) The third predominant argument of this book is that, through the local capital input coefficient and local taxation, the revenue and expenditure sides of fiscal decentralization have an impact on the distribution of labor-capital factor, but these effects are completely different. ①The increase of revenue decentralization leads to the transfer of production factors to capital, however, expenditure decentralization ultimately entails the reduction in the proportion of capital distribution and an increase in the proportion of labor distribution; ② The spending oriented by economic development does promote the distribution of production factors to be tilted towards capital factors, while driven by social equity will increase the proportion of labor remuneration. Policy suggestions: putting an emphasis on the adjustment of spending preferences, such as promoting systems for appraising local government performance, establishing two-way political incentives and effective transfer payment systems, as well as supervising local spending.

(4) The last major point of this book is that there exists a completely varied impact of fiscal decentralization on environmental pollution between the expenditure and revenue side of fiscal decentralization. Moreover, the impact of fiscal decentralization on environmental pollution has been significantly deteriorated by market segmentation. ① Revenue decentralization not only improves the local environment through the spillover of pollution costs, but also has the potential to exacerbate pollution problems owing to excessive investment in rapid results and lucrative profits; ② The revenue decentralization has a greater positive impact on environmental pollution than a negative one, which shows that the significance of fiscal decentralization in minimizing environmental pollution cannot be ignored in the factor-segmented market. Policy suggestion: moderately strengthening the central authority while clarifying the shared authority between the central government and the local government. The higher the degree of decentralization, the more likely it is to aggravate the PTG of local governments. Therefore, it is necessary to impose restrictions and controls on local governments to lighten the burden on pollution brought on by ineffective and repetitive production.

Key Words: Chinese-style fiscal decentralization; local government expansion; spillover effect; public preference; environmental control

目　　录

第一章　绪论 ……………………………………………………（1）

　　第一节　研究背景与研究意义 ………………………………（1）

　　第二节　文献综述 ……………………………………………（8）

　　第三节　研究方法与研究内容 ………………………………（23）

　　第四节　研究难点与创新点 …………………………………（28）

第二章　中国式财政分权的演化脉络及主要效应 ………………（31）

　　第一节　中国式财政分权的演变历史 ………………………（31）

　　第二节　中国式财政分权的特征事实 ………………………（36）

　　第三节　中国式财政分权的综合效应 ………………………（38）

第三章　中国式财政分权、"利维坦假说" 与规模扩张 ………（44）

　　第一节　引言 …………………………………………………（44）

　　第二节　包含中央和地方公共品供给的内生增长模型 ………（46）

　　第三节　模型、变量与数据说明 ……………………………（52）

　　第四节　实证结果与分析 ……………………………………（59）

　　第五节　重新思考 "利维坦假说"

　　　　　　——支出端分权与地方政府规模 …………………（67）

　　第六节　本章小结 ……………………………………………（72）

第四章　中国式财政分权、公共品竞赛与供给外溢……………（75）

　第一节　引言……………………………………………………（75）

　第二节　包含两地区公共品供给的使用者付费模型…………（77）

　第三节　数据、变量与实证模型………………………………（85）

　第四节　实证结果与分析………………………………………（90）

　第五节　本章小结……………………………………………（100）

第五章　中国式财政分权、要素收入分配与支出偏好………（102）

　第一节　引言…………………………………………………（102）

　第二节　包含两地区公共品供给的内生模型………………（103）

　第三节　数据、变量与实证模型……………………………（108）

　第四节　实证结果与分析……………………………………（113）

　第五节　本章小结……………………………………………（129）

第六章　中国式财政分权、要素市场分割与环境污染………（131）

　第一节　引言…………………………………………………（131）

　第二节　财政分权对环境污染的传导机制…………………（133）

　第三节　数据、变量与实证模型……………………………（144）

　第四节　实证结果与分析……………………………………（148）

　第五节　本章小结……………………………………………（165）

第七章　结论与建议………………………………………………（167）

参考文献……………………………………………………………（173）

索　引………………………………………………………………（186）

Contents

Chapter 1   **Preface** ··· (1)

    Section 1   Background ······································· (1)

    Section 2   Literature Review ································ (8)

    Section 3   Method and Framework ···················· (23)

    Section 4   Difficulty and Innovation ················· (28)

Chapter 2   **Some Knowledge about Chinese-style Fiscal**

            Decentralization ···························· (31)

    Section 1   Evolutionary of Chinese-style Fiscal

              Decentralization ······················· (31)

    Section 2   Characteristics of Chinese-style Fiscal

              Decentralization ······················· (36)

    Section 3   Multi-effects of Chinese-style Fiscal

              Decentralization ······················· (38)

Chapter 3   **Chinese-style Fiscal Decentralization, "Leviathan**

            Hypothesis" and Scale Expansion ··········· (44)

    Section 1   Introduction ······························· (44)

    Section 2   An Endogenous Growth Model including the Supply of

              Central and Local Public Goods ··············· (46)

    Section 3   Data, Variables and Methodology ··········· (52)

Section 4 Empirical Analysis ·························· （59）

Section 5 Reconsider "Leviathan hypothesis" —Expenditure
Decentralization and Local Size ·················· （67）

Section 6 Summary ······························· （72）

Chapter 4 **Chinese-style Fiscal Decentralization, Public**
Goods Competition and Spillover ··············· （75）

Section 1 Introduction ··························· （75）

Section 2 A User-Paid Model of Public Goods Supply in Two
Regions ····························· （77）

Section 3 Data, Variables and Methodology ············ （85）

Section 4 Empirical Analysis ···················· （90）

Section 5 Summary ······························· （100）

Chapter 5 **Chinese-style Fiscal Decentralization, Factor Income**
Distribution and Expenditure Preference ········· （102）

Section 1 Introduction ························· （102）

Section 2 An Endogenous Model of Public Goods Supply in
Two Regions ························· （103）

Section 3 Data, Variables and Methodology ··········· （108）

Section 4 Empirical Analysis ···················· （113）

Section 5 Summary ····························· （129）

Chapter 6 **Chinese-style Fiscal Decentralization, Factor Market**
Segmentation and Environmental Pollution ······ （131）

Section 1 Introduction ························· （131）

Section 2 The Transmission Mechanism of Fiscal Decentralization
to Environmental Pollution ··············· （133）

Section 3 Data, Variables and Methodology ··········· （144）

Section 4   Empirical Analysis ·································· (148)

Section 5   Summary ··· (165)

Chapter 7   Conclusions and Recommendations ·············· (167)

References ·· (173)

Index ··· (186)

第 一 章

绪　　论

第一节　研究背景与研究意义

一　研究背景

党的十八届三中全会强调"财政是国家治理的基础和重要支柱",同时提出"建立现代财政制度,发挥中央和地方两个积极性"的重要方针。近年来,为适应经济高质量发展的新时代要求,政府间财政关系在事权和财权维度上的高频率调整和规范,使得经济要素与财政要素的区域联动性和空间溢出性日趋复杂。然而,现有方法论对于财政分权运行效果的讨论并未考虑其空间异质性,大大低估了财政分权的影响。事实上,在政治晋升和经济激励双重压力下,地方经济发展既受限于辖区内部市场的约束,又无法摆脱辖区外部市场的溢出影响,因此中国地区间的策略互动意味着如若忽视财政分权的空间溢出和空间博弈关系,将削弱研究的现实解释力。LeSage 等(2012)基于偏微分矩阵计算模型测度了自变量的空间效应,相对传统点估计方法可以得到更准确的结果,能够为捕捉地区之间的空间溢出效应提供新视角。运用前沿技术方法较为全面地刻画财政分权运行规律,在反映财政一般性特征基础上突出中国特色,不仅是提炼中国特色社会主义财政理论的基础性工作，也是建立现代财政制度的前提条件。"十四五"开局伊始，习近平总书记在《中共中央关于制定国民经济和社会发展第十四个五年规划和二〇三五年远景目标的建议》中指出"明确中央和地方政府事权与支出责任"的重要任务，并要求"建立现代财税体制，提升政府治理能力"，为中国式财政分权领域的研究提供了思考方向和路径指引。如何科学解析财政分权运行规律、如何科学研判财政分权影响效果、如何科学优化财政分权制度体系，成为新时代财政工作者亟待认真探讨并深入研究的重要课题。

诚然进入 21 世纪后，中国经济增长速度举世瞩目，2000 年用以衡量一个国家总体财富的 GDP 指标同比增长 8.6%，并在 2007 年达 14.2% 的迅猛增长，此后 GDP 保持 10% 左右的速度，因此，中国经济高速增长的态势一度被誉为"增长奇迹"。近十年来，中国 GDP 同比增速有所回落，但仍然保持平均 7.5% 的增速[1]。World Bank 数据显示[2]，2018 年全球经济增速为 3.8%，其中，发达国家年均经济增速为 2.4%，新兴市场和发展中国家年均经济增速为 4.8%；对比之下，中国的经济增速高达 6.5%。GDP 的快速发展显示出中国经济具有其他国家难以比拟的活力与繁荣。

然而，奇迹背后所隐藏的问题值得我们深思。我们知道，一个国家总体财富的增长离不开政府、企业和个人。那么在中国经济高速增长这块大蛋糕上，政府以税收形式分得多少呢？国际上通常以财政收入占 GDP 的比重来衡量宏观税负。国家统计局数据显示，2000 年财政总收入同比增长 17%，并在 2007 年达 32.4%，此后有所回落，但 2011 年财政收入仍然保持着同比增长 25% 的速度。通过对比 GDP 的数据，我们发现近十年来，财政收入增速依然远快于GDP 增速，宏观税负从 1994 年的 10.8% 增长到 2018 年的 21.02%。

---

[1] 国家统计局，http：//data. stats. gov. cn/easyquery. htm？ cn = C01。

[2] 世界银行，https：//data. worldbank. org. cn/。

与此相对应，城镇居民人均实际可支配收入年均增长 8.1%，农村居民人均纯收入年均增长 5.5%，既慢于 GDP 增速，更远远慢于财政收入增速。政府税收在国民总收入中所占比重过大的直接结果就是企业收入和居民收入的减少，这种"涸泽而渔，焚林而猎"的增收方式必然会打消企业和居民创收增收的积极性，企业和居民收入增长缓慢一方面将直接影响国民总收入的增长，使得财政收入增长无法得到保证；另一方面将导致消费疲软，因为收入和消费是相辅相成的，收入降低必然会制约消费的增长，最终不利于物质财富的生产与再生产，影响经济发展。

　　财政收入高速增长与中央和地方财税关系密不可分。自 1994 年实行分税制以来，地方财政支出远远大于财政收入，如图 1 - 1 所示：

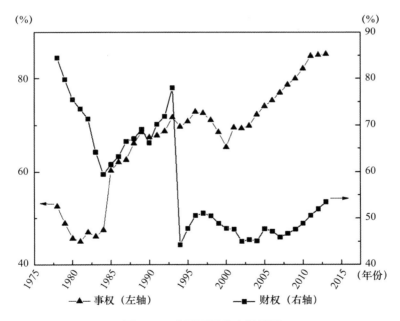

图 1 - 1　中国的财政分权情况

资料来源：国家统计局。

　　图 1 - 1 展示了中国当前的财政分权结构。显而易见，自 1994年以来，地方政府并没有建立一个与支出责任相适应的税收权利，

导致事权和财权的差距逐步扩大。因此，我们不能忽视的一个事实就是，中国正在经历"事权"改革，但税收权力依然紧紧地握在中央政府手中。

自 1978 年以来，我国财税制度改革伴随中央和地方关系的调整可分为以下三个改革时间段：（1）1978—1982 年的以"放权让利"为基本特征的税制改革，这一时期涉外税收制度初步形成，外资企业所得税和个税相继建立，适应我国对外开放初期引进外资的需求。这一时期的改革旨在打破权力过分集中、调动地方积极性。企业自主权和地方政府相应的经济管理权限得以扩大，特别是经济特区、沿海开放城市和沿海经济开发区的建立，以"经济性分权"替代"行政性分权"的方式极大地调动了地方政府发展经济的积极性。（2）1983—1994 年的"利改税"税制改革，进一步完善了国家与企业的税收收入分配关系。这一时期形成了以流转税（产品税、增值税、营业税、关税）为主体的复合税制体系，完善了所得税和涉外税，拓展了财产税、行为税、资源税、农业税以及其他特定目的税类。这一时期，党的十四大确立了社会主义市场经济体制的改革目标，强调了市场在资源配置中的基础性作用，同时加强和完善国家对经济的宏观调控，要求打破地方政府各自为政的经济发展模式，要充分发挥中央政府对地方经济宏观调控的职能。（3）1994 年，中国以"分税制"（税收分享制度）的名义全面正式引入了新的财政体制。通过在中央和地方政府之间重新分配税收，以减少地方政府收入分配的自由裁量权以及确保中央政府在税收分配中享有更大的份额。这一时期，党的十八届四中全会提出了"推进各级政府事权规范化、法律化，完善不同层级政府特别是中央和地方事权法律制度"的要求。

在过去几十年中，许多国家都在向地方政府下放财政权力。随着各国陆续将财政权力下放到较低级别的政府，理解财政分权政策所产生的各种效应变得愈发紧迫也愈发重要。正如上文所述，自 1978 年以来，中国经历了几次重大改革，其中对现阶段中国经济乃至社会发展影响最大的当属 1994 年的税制改革，它取代了以前的财政承包制度，采用税收分享制度。这项税制改革在财政分权政策方面产生了重大变化，为探究地方公共品供给的主要效应提供了新的中国式财政分权的背景支持。

图 1－1 所展示的财政分权结构对中国经济和社会将产生重要影响。地方政府在面临财政分权收入端和支出端失衡所导致的严重财政赤字时，会想方设法寻找新税源或扩大已有税源，其主要途径是扩大地方税，如营业税、城建税、船舶吨税、土地使用税、契税、耕地占用税等①，我们可以看到这些收入大部分都与土地有着密切的联系，因此最直接的结果就是地方政府以土地生财，过度开发土地进行城市建设，或旧城改造、或扩张用地规模、或变更用地商业性质，2013 年全国国有建设用地供应同比增长 5.8%，全国 105 个主要监测城市地价总体水平持续上涨，2013 年全国土地出让总金额达 4.1 万亿元，刷新 2011 年 3.15 万亿元的历史纪录，土地出让金已经达到地方财政本级收入的六成。② 中央和地方财税关系不协调导致地方财政只能依赖也太过于依赖土地财政（孙秀林、周飞舟，2013）。土地出让金本是地方政府宏观调控的工具，但土地价格、房产价格不断增长一方面使收入较高的投机者受益，另一方面使收入较低的刚需消费者望而生畏，加剧了收入分配不公平，更是折射出社会发展的不公平，这一问题亟待解决。

综上所述，经济发展中无论是需求与生产的矛盾，还是公平与效率的矛盾，其完善和解决都与政府行为密切相关，具体来说，如何处理中央政府与地方政府的关系是中国经济继续繁荣与国家治理的一大关键问题，也是当前解决各方面矛盾的重大问题。其中，财

---

① 中央和地方对税收项有特定的划分，其细则如下：（1）中央地方共享税：增值税、企业所得税、个人所得税；（2）中央税：进口税项、消费税、关税、车辆购置税、证券印花税；（3）地方税：营业税、城建税、船舶吨税、土地使用税、契税、耕地占用税。

② 中华人民共和国自然资源部，http://www.mnr.gov.cn/sj/。

政分权关系的调整与完善尤为重要。

二　研究意义

本书将理论推导与计量实证的方法结合起来，从空间溢出的视角，对中国式财政分权管理制度所产生的公共品供给效应进行研究，旨在为优化中央和地方财税关系与完善地方事权结构提供有益思考，有效推进公共财政体制法治化与民主化，使公共财政资源合理并优化配置，更快实现"放水养鱼"的包容性财政政策体系，使各方经济力量都生机勃勃。

（一）理论意义

第一，本书通过理论建模的方式深入研究了财政分权对公共品供给的影响机制。具体表现在：（1）系统考察财政分权对中央政府和地方政府规模的影响，并在此基础上探究其影响机制。构建一个包含中央和地方公共品供给的内生增长模型，通过约束社会生产和政府预算得到一般竞争性均衡，基于此探讨财权、事权和政府规模的关系。在模型构建中强调中国公共财政支出的特殊性，如转移支付、地方公共品供给和支出结构，为控制中国政府规模膨胀提供有益思考；（2）我们将俱乐部理论与使用者付费模型相结合，建立消费者效用最大化问题，并在 FOC 过程中使用标准 Kuhn-Tucker 技术来获得均衡结果，以全面考虑公共品供给的溢出效应。这是从财权和事权两个角度对地方公共品供给的溢出效应进行理论和数学建模的第一次尝试，并在地方政府公共品供给的实践中证实了中国地方政府在事权上的竞争关系。

第二，本书拓展了财政分权对地方公共支出偏好的研究。通过引入两部门一般均衡模型来填补这一空白，以阐明财政分权与资本—劳动力分配之间的内在机制。我们使基于税收的收入分权和基于社会保障的支出分权内生化，从而可以讨论它们对生产要素分配的不同影响。通过上述讨论进一步分析分权对公共支出偏好的影响是一个理论上的深化。

第三，本书深入研究了财政分权对环境污染的影响渠道和作用机制。目前的研究中鲜有从市场分割视角剖析财政分权地区环境污染影响效应的文献，且基于我国地域广阔、东中西部自然禀赋差异巨大等特点，财政分权环境效应的地域特征也是本书所考察的重点。在环境污染方面几乎没有研究着重考虑财政分权与要素市场分割的共同影响，我们的研究是一个有力的补充。中国式财政分权背景下的地方政府行为对其他政府乃至整个国民经济都有着不可分割的影响，特别是公共品供给方面，这一问题是公共品供给与环境外溢研究的深化和拓展。

（二）现实意义

第一，中央政府和地方政府在公共品供给上的关系已经成为国家治理的重大问题。财政分权对于公共品的供给效应研究不仅仅是"经济"范畴，更是"国家治理"的政治范畴，已经关系到国家后续经济发展动力问题，更是关系到社会公平与生产效率的核心。深入研究财政分权的综合效应，有利于实现"精准财政"的政策操作，是关系到国计民生的重大任务。宏观税负长期居高不下，降低企业和居民在国家总财富中的分配份额，将影响扩大内需促进经济增长的经济战略，将导致经济发展动力不足，使得"中国增长奇迹"疲软甚至消失。中央和地方财权事权的不匹配，将使陷入财政困境的地方政府更加依赖土地财政，推高房价，影响社会公平，影响民生问题。为了保持中国经济增长势头，稳定民心，在国际舞台中占得一席之地，深入研究财政分权的综合效应，以构建和完善合理的财政体系是关系国计民生的重大任务。

第二，环境问题不仅受到中央高层的重点关注，更是影响可持续发展的重要因素。《中共中央关于制定国民经济和社会发展第十四个五年规划和二〇三五年远景目标的建议》指出，要通过强化区域协同治理持续改善环境质量，深入打好污染防治攻坚战。本书从空间溢出角度探究分权和要素市场分割对污染的影响，是从区域财政协同角度治理污染的一次重大突破。党的十八大报告明确提出"全面落实五位一体总体布局"。可见实现经济发展方式转变，推动可持续发展，坚持"绿水青山就是金山银山"的发展战略已经成为新时代发展经济的指导思想。随着世界人口剧增和经济发展的要求，国际社会越来越重视环境问题，如耕地退化、资源短缺、生物多样性减少等。坚持可持续发展一方面可以促进经济生产与再生产，另一方面也是积极承担国际环境保护责任的途径。

第二节　文献综述

一　理论梳理
（一）财政分权理论

两种经典理论——不对称信息和财政竞争——解释了财政分权可能影响政府行为的机制。在不对称信息理论方面，Tiebout（1956）从公共品入手，提出了"用脚投票"理论，探讨通过地方政府供给公共品的行为促进地方政府良性竞争的可能性。他认为，某辖区居民为了使自己对公共品需求及利益的最大化，他们可以在不同辖区内自由迁移以寻找能够提供服务与所征收税收最优的地方政府。因此，地方政府要吸引选民，就必须按照选民的要求供给公共品，从而达到帕累托最优。Musgrave（1976）主要考察了财政的三大职能，进而论证地方政府存在的合理性和中央政府存在的必要性，并指出财政联邦主义的核心在于根据地方居民偏好差异，配置稀缺公共资源，而中央政府负责稳定地方政府良性竞争。Oates（1985）首先提出了不对称信息在决定财政结构中的作用。他强调，地方政府比中央政府在获得地方居民对公共品供给的偏好信息途径上更有优势。在这种情况下，将支出责任下放到地方政府可以使这些政府更好地满足当地居民的需求，稀缺公共资源的分配也会变得更加有效。这一时期，理论界并没有对财政分权与政府规模之间的相关性作出明确构想。

财政竞争理论对财政分权与小规模政府之间的联系进行了预测。财政竞争理论认为，假设一个仁慈的政府试图最大限度地提高公民福利，财政竞争可能导致公共品供给"竞相降低"、政府支出水平低效（Zodrow et al.，1986）。相比之下，Brennan、Buchanan（1984）预测，吸引流动生产要素（如资本和劳动力）的跨辖区竞争会限制政府过度征税，这是一种更为现实的假设，即政府总是最大化收入而不是社会福利。这就形成了经典的财政分权理论——利维坦假说。它强调加强跨辖区竞争和强制执行地方政府对其辖区的责任，因此，利维坦假说意味着财政分权将能够有效控制政府规模扩张（庄玉乙、张光，2012），对形成小规模政府具有重大意义。

尽管具有理论吸引力，但利维坦模型可能不适合现实。事实上，中央政府和地方政府通常会通过允许中央政府收取大部分收入然后将资金转移到地方政府来为其支出提供资金，进而避免这种跨辖区竞争（Grossman，1989）。关于这种财政安排的一个问题是，地方政府的支出决策并不依赖于资金来源，这将一方面使得收入无法限制支出，政府规模膨胀问题应运而生；另一方面，地方公共支出部分来自向辖区以外的居民征收的税收，这将激励地方政府花费比使用自己的税收时更多的钱。这一结果被描述为文献中的共同问题（Rodden，2003）。支出与收入责任之间的差距越大，财政分权的作用越弱，最终结果是地方政府规模可能越来越大。

近年来，财政分权理论中越来越多地引入激励理论和高层机制设计理论，形成"第二代财政联邦理论"。20 世纪 90 年代，学者们越来越多地关注财政分权的顶层设计问题，如 Qian（1996）、Conyer（1990）等。他们认为，完善政府治理的前提是必须建立起一个合理的财政分权体系，使得地方政府能够在这种治理框架下良性竞争，而不以设租、寻租为手段，只有这样才能保障公共品供给的合理性和高效性，只有这样才能真正促进经济乃至社会的健康发展。分权绩效的差异相当大程度地决定了地方政府的发展及对地方公共品供给结构和供给效率的优化。

经济分权同垂直的政治管理体制紧密结合是中国式分权的核心内涵（傅勇，2010）。在财政分权管理体制背景下，地方政府通过主导公共品供给影响着经济增长模式。中国式财政分权背景下，一方面，分税体系的有效建立为地方政府获得固定税源提供了有力保障，这对地方政府保持发展经济积极性方面来说是有效的财政激励；另一方面，中央政府对地方政府形成"经济激励"和"政治激励"的双重约束，使得地方政府的发展重点在经济上而不是设租和寻租，"竞相发展"由此而生，它为地方政府竞争提供了有力的政治激励。在财政激励和政治激励的双重影响下，地方政府为了在晋升锦标赛中获得有利地位，不惜开展过度竞争，造成经济发展的成本扭曲，产生地区差距逐渐增大（Zhang，2006；张晏、龚六堂，2005）、市场分割逐渐增强（Que et al.，2018）和通货膨胀逐渐严重等问题，地方政府的投资性偏好对基础设施建设投入加大而对保障性公共品供给减少，最终将导致福利损失。

（二）公共品供给理论

关于公共品的界定，Samuelson（1982）认为纯粹的公共品是每个人都能消费这样的产品而不减少别人对该产品的消费。公共品是每一个社会成员都能无差别地共同享有的物品，且一个社会成员的享用并不排斥其他社会成员的享用。如果把消费品划分为纯粹的公共品和纯粹的私人品，则可以定义如下：

对于私人品而言，消费总量等于私人品的总和，$X_j = \sum_{i=1}^{n} X_j^i$，即私人品的消费和成本是可以分割的；

对于公共品而言，消费总量等于公共品供给总量，$X_{n+j} = X_{n+j}^i$，即对公共品的消费是不可分割的，所有消费者都能对公共品的总量进行消费，其成本不可分。

学界对公共品的定义有多个角度，从本书的研究目的和研究内容看，公共品可以界定为：公共品具有消费上的非竞争性和一定程度上的非排他性。某辖区居民能够享受到完全程度上的非竞争和非排他的公共品，如国防；同时，该区居民通过一定手段也能享受到非竞争及具有某种程度上的非排他性公共品，如地区公共教育。公共品这一界定有助于地方公共供给的理论研究与实证发展。

在公共品供给界定上，经典的科斯定理具有重要的启示意义。我们可以从科斯的三个定理中得到充分的理解：

第一，如果市场交易费用为零，不管权力初始安排如何，经济代理人之间的谈判都会产生财富最大化的决策结果；也就是说，如果不存在交易成本，公共品和私人品的供给主体是政府还是市场，取决于政府与市场的竞争。

第二，在费用大于零的交易中，交易成本能够对资源配置的效率产生不同影响；也就是说，由于交易成本存在，政府和市场在公共品供给上的制度安排具有不同的经济效率。

第三，制度生产本身是需要成本的，因此对产权制度的初始设计、优化制定、执行实施和完善变革，包括对产权的界定与划分等，都需要耗费资源，这就是产权制度的成本；也就是说，公共品由谁来提供取决于供给成本和制度安排成本低的那方。

我们知道，并非所有公共品都可以使辖区居民在全国范围内受益，一些在特定地理范围内才可以被辖区居民所享受到的公共品就是地方性公共品，如辖区内教育、消防、垃圾清理以及路灯等。地方政府的职能就是要提供这些不同受益归宿的公共品（Kerr，2014）。

1. 地方性公共品供给与异质偏好问题

Eusepi（2000）认为，地方性公共品的供给需要对辖区内居民的公共品异质偏好有更好的了解，才能使地方性公共品供给更加有效，从而实现资源的优化配置，同时也能使地方政府在与其他地方政府竞争中获取优势地位。地方政府可以依据本辖区提供的公共品数量征收相应税收（Zodrow，1986），如果由中央政府统一集中地提供地方公共品，其往往会忽视辖区内居民偏好差异，或者不可避免会出现强制消费纯公共品的现象，因此，地方性公共品必须由地方政府供给，但不可忽视中央政府统筹解决问题的职能，即中央政府可以根据地方政府在提供地方公共品时出现的问题，因地制宜因时制宜地参与解决问题。因此，正确处理中央和地方财政关系是地方性公共品供给的前提。

另一个公共品供给存在的问题是，对于纯公共品非排他性的本质，理性人都希望搭便车获取受益，且很难确切表达出基于自身需求的异质偏好。其结果就是市场失灵出现，这说明由于人们在公共品需求上的异质偏好问题造成了公共品供给的帕累托效率低下。其解决我们可以从公共选择理论中找到答案：Tiebout（1956）提出居民"用脚投票"方式解决异质偏好问题，使得具有相对一致偏好的居民聚集在一起，从而确定适合辖区内居民的地方政府税收模式，解决异质偏好问题。然而，正如 Andreoni 和 James（1988）所研究的，由于偏好差异问题，地方公共品供给更具多样性，但公共品具有成本不可分割的本质特征，增大了多样化需求的辖区居民"搭便车"的可能。如何在地方性公共品供给中，将外溢问题内部化，正确处理"搭便车"问题也是本书的一个重点。

2. 地方性公共品供给与政府激励

公共部门相比于私人部门，具有完全不同的本质特征，这决定了公共部门的激励方式完全不一样：实现目标不同、绩效衡量标准不同、偏好异质性不同、代理人的性质在公共部门和私人部门也不同。这些特征事实决定了不容易找到一个外部完全统计量指标能够对公共部门的绩效进行评估，所以在设计激励机制时，公共部门较多应用相对绩效评估方式（Rogers & Rogers，2000）。一般政府组织常会用职位晋升等方式激励政府官员，而不是给予大量的货币奖励。

官员可以通过自身努力来改善辖区内经济发展水平，从而展示个人执政能力。当前政府官员的绩效考核方式越来越多样化，由于经济指标最客观可靠，成为最重要的考核指标。周黎安（2007）对中国的官员晋升锦标赛做了详细的论证，他认为在锦标赛中，中央政府不是根据地方政府的绝对绩效进行奖励，而是根据各地方政府绩效的相对排名进行奖励，即排名在前能获得较高奖励，而排名在后得到较低奖励，甚至受到惩罚。这种将经济绩效与政治激励挂钩的方式对经济发展和国家治理具有深厚影响。我们将在后文分析财政分权的综合效应时着重阐述这个问题。

（三）外部性理论

外部性理论是经济学上的重要理论之一，源于 1890 年新古典经济学家马歇尔在《经济学原理》中首次引入的外部经济概念。

此后，经济学家试图对外部性的内涵给出一个明确合理的定义，不同的经济学家有不同的定义角度：①依据外部性的主体来界定，如 Samuelson（1954）认为，外部性是指特定生产或消费对其他主体强征了不可补偿的成本或给予了无须补偿的收益；②依据外部性的客体来界定，Andreoni（1988）认为，外部性是某些行为的利益或成本由行为之外的主体承受，这是一种低效现象，因为行为主体不能对该行为的成本和利益加以控制。我们发现，虽然考察的角度不一样，但本质都是强调一方行为对毫不知情的另一方产生了好的或坏的影响，这种影响是无法通过市场机制进行买卖或定价的。

在此基础上，庇古从"公共品"入手，认为厂商生产过程中社会成本与私人成本之间的差异是构成外部性的根源，应对正外部性给予补贴，即"庇古税"方案，进一步丰富了外部性理论。庇古从马歇尔定义的"外部经济"概念，继续引申为"外部经济"和"外部不经济"，用以表示正外部性和负外部性。科斯在庇古外部性理论的基础上进一步扩展了对外部性问题的解决对策，他认为在交易费用为零的情形下，可以用自愿协商等方式解决外部性问题，而不需要利用"庇古税"；而当交易费用不为零时，"庇古税"或许是有效的。

外部性在经济生活中有着广泛的影响，环境问题产生的根源即为负外部性。

在从事各项经济生产活动时，代理人在利益最大化的驱使下，会从自身利益出发思考如何获取最大收益，而不去考虑其所从事的生产活动会对外部资源环境产生的影响，由此产生外部性问题。污染问题本身就是一个负外部性很强的活动，因此，在环境治理方面需要各地政府协同治理，对严重威胁到人类生存的环境问题加以改善，走可持续发展之路。

二　本书相关的文献综述

（一）规模效应文献评述

区域信息优势论和区域竞争论认为，财政分权提高了财政支出效率，而不以政府规模扩张为代价（Hayek，1948）。在分权体制中，地方政府比中央政府更了解当地居民对公共品和服务的需求，因而能够以低成本获得当地居民的公共品偏好，同时"用脚投票"制度能有效约束当地政府的预算行为（Tiebout，1956）。区域良性竞争能在一定程度上限制政府获得垄断租金，使辖区居民享受公共品的质量得到提升，财政支出效率的改善能够保证政府在适当规模下运行（Breton，1996）。Brennan 和 Buchanan（1984）提出经典的"利维坦假说"，它强调财政分权是一种行为约束并有助于控制公共部门规模的扩张。

然而，一些学者对"利维坦假说"持否定态度，如 Gordon 和 Cullen（2012）认为同级政府对公共品供给和税收的横向竞争使分权成本提高，这使政府规模得以扩张。Oates 和 Schwab（1988）研究了辖区间的行政溢出效应，其理论基础是，地方政府能够对其辖区范围内高度异质的公共偏好作出更快更好的应对，而不能对辖区之外的居民公共偏好作出相对及时和有效的反应。因此，为了最大限度地减少管辖区之间的外溢效应，公共政策的制定必须在水平分化的政府之间取得平衡，即在辖区内居民偏好都被赋予了较高权重的同时，对辖区外居民偏好也赋予一定权重。这会导致财政分权成本增加，不利于控制政府规模的膨胀。Breton 和 Scott（1978）也研究了财政分权成本，他们认为一个合理的财政分权制度能减少信息传递成本，但会相应地增加水平分化政府间的管理协作成本，因此会扩大政府运行规模。此外，若地方政府参与了少数垄断集团的利益分配，他们会抬高地方公共品供给价格以增加收入，或滋生寻租腐败（Bardhan & Mookherjee，2000），导致行政成本增加而造成政府规模膨胀。财政分权成本使理性地方政府更加依赖公共资源所带来的公共增收以弥补成本耗费，这在某种程度上加剧了地方政府规模的扩张（Rodden，2003；Oates，1985）。同时，外部性、规模经济和制度安排也是限制财政分权对政府规模积极作用的重要因素（Rogers & Rogers，2000；Ram，2009；Marlow，2013）。

在跨国经验方面，由于面板选取和模型设定不同，"利维坦假说"在各国适用性的研究结果其说不一（Golem & Perovic，2014；Sorens，2014）。在单一指标衡量财政分权方面，Cantarero 和 Perez（2012）以西班牙 1985—2004 年的面板数据支持了"利维坦假说"。Liberati 和 Sacchi（2012）运用 OECD 的非平衡面板数据，发现税收分权能够有效控制地方公共支出。Ferris 等（2008）以加拿大 130 年的数据证实政治竞争是影响政府规模的最主要政治因素，其中分权扩大了政府规模。在多指标测算财政分权方面，Goel 等（2017）基于 113 个国家的面板数据，认为财政分权和行政分权能够提高政府管理效率和控制规模膨胀。Adam 等（2014）利用 21 个 OECD 国家面板，提出分权收支端与公共教育和医保支出效率呈倒 U 形曲线。

在中国，许多学者对"利维坦假说"的适用性进行了实证检验，结果莫衷一是。庄玉乙、张光（2012）使用省级以下地方政府财政收支占全省财政规模的比重来衡量财政分权水平，认为财政分权能够控制政府规模扩张。郭庆旺和贾俊雪（2010）基于县级面板数据回归也认为收入端分权对政府规模的影响符合"利维坦假说"。然而，Zhang 和 Zou（1998）首先提出财政分权会导致公共部门开支增大。在此基础上，Jin 和 Zou（2002）从财政分权的支出端和收入端两个方面探究了对政府规模的影响，发现事权下放、财权下放都扩大了政府规模。此后，学者们从不同的角度研究了财政分权对政府规模扩张的影响，如①预算软约束：当地方政府的收入越不能满足需要只能依赖中央政府的补助时，就越会增加这种扩张的趋势（李婉、江南，2010）。范子英和张军（2010）也认为，中央对地方安排的巨额转移支付会存在很强的"粘纸效应"，造成政府开支居高不下。王文剑（2010）也验证了这种"粘纸效应"的存在，认为转移支付对地方政府规模扩张产生显著影响。②政府间竞争：在中国式财政分权背景下，地方政府参与官员晋升会造成地方支出竞争愈发激烈（周黎安，2007），财权和事权下放都将导致政府规模不断扩张（苏晓红、王文剑，2008）。孙琳、潘春阳（2009）研究了财政分权对政府支出规模的扩张作用，还对政府支出结果进行了更深入的探讨，结论是财政分权对经济建设支出扩张最显著，其次是公共服务支出，对政府购买和自身消费支出的作用最小。③外部风险：外部风险是影响政府规模不可忽视的因素（Alesina & Wacziarg，1998）。Wu 和 Lin（2012）认为财政分权造成了中国政府规模的膨胀，但对外开放程度和 FDI 有可能控制政府规模扩张。杨灿明、孙群力（2008）认为政府为了消化外部风险必须扩张规模以抵御风险。④考录制度与部门利益分化：吴木銮、林谧（2010）从地方政府考录制度的角度出发，认为财政收入端和支出端与政府规模存在显著的正相关且在经济越不发达的行政区域，政府规模膨胀的效应越显著。高楠、梁平汉（2015）从利益分化视角探究了政府规模膨胀的原因。

　　"利维坦假说"在中国是否成立很大程度上取决于两个方面：一是面板数据采样范围的差异；二是财政分权指标的差异。后者的差异是主要原因（庄玉乙、张光，2012）。对于分权指标的测量，也有大量文献提出不同见解，针对中国样本面板也确实存在一些争论。前期的一些文献比较多地采用财政支出横向分权指标，如 Zhang 和 Zou（1998），张晏、龚六堂（2005），傅勇、张晏（2007），傅勇（2010）等，以各地区财政收支占全国或中央财政收支的比重来衡量财政分权的收支两个方面；近期的一些文献则采用了纵向财政自主性指标（陈硕，2010；陈硕、高琳，2012），在地方预算年度总支出中将地方财政净收入和中央政府转移支付纳入其中，以净收入占总支出比重作为衡量财政自主性的指标；还有一些文献采用了省内支出分权指标，如 Uchimura 和 Jütting（2009），杨良松（2015）等，不仅考虑了省级政府在财政支出上的财政自主度，还考虑了上级政府对地级或县级政府的收入端和支出端分权，分权指标的测度拓展到县级，然而这一指标在时间跨度比较大的省级面板样本中，数据可获得性偏低。本书借鉴张光（2011）和徐永胜、乔宝云（2012）对中国财政分权指标的测度，在省级面板数据上，不仅考虑各地区内政府间的财政分权关系，还将各地区对上级政府的财政关系纳入其中，利用二者交互项分别定义财政分权的收入端和支出端，以期在中国省级面板的实证中作出合理的指标选取。

综上所述，对于"利维坦假说在中国是否适用"这一问题，大量研究表明中国式分权无法控制政府规模膨胀。但对于"利维坦假说为什么在中国失效"的问题，鲜有文献从理论和实证两个层面阐述财政分权对政府规模的影响机制。本书认为厘清这一问题有重要意义：一是有助于更好区分国内外政府规模的受影响路径，进而更深刻地理解中国政府规模膨胀的特殊性；二是有助于我们弄清财政分权对政府规模的影响路径，在路径中准确把握冲击变量，对控制政府规模膨胀提出更具有针对性的建设性意见。

（二）外溢效应文献评述

自 1979 年以来，中国 GDP 以平均每年约 10% 的速度增长，持续 30 年，以"增长奇迹"而闻名。我们不禁思考，是什么造就了中国经济奇迹？从理论上讲，中国的经济增速不能用传统的增长因素来解释，比如物质和人力资本以及技术进步。而与其他国家相比中国的人均资源禀赋和技术创新也处于相对较为后发的阶段[①]。然而面对新的问题，North（1981）引导我们重新思考解释经济增长的新路径，即一个国家的制度安排，能够为经济的增长带来激励，并且随着这种经济结构的演变，它将决定经济变化的方向——增长、停滞或衰退。过渡和发展中经济体的近期实证经验也表明，经济发展的

[①] http://data.worldbank.org/indicator/GB.XPD.RSDV.GD.ZS.

核心障碍或助力来自政府，特别是地方政府，因为地方公共品供给能力可能对当地企业的进入和扩张产生不利或有利的影响（Jin et al.，2005）。

在中国现实中，较为强大的制度激励之一是"官员晋升锦标赛"（Promotion Tournament Game，PTG）模式①，从某种意义上说，它将集中的执行力与强大的刺激联系在一起，因此无论当地领导层将如何变动，都能保证他们对经济绩效的追求将永远不会改变。自 20 世纪 80 年代以来，中央政府制定了评估地方官员绩效的唯一标准：GDP。地方政府不可避免地甚至有必要依靠更高效的支出来维持其地方经济绩效成就（Huang & Chen，2012）。因此，这种竞争模式能够更高效地利用其天然禀赋在地方公共品供给方面与其他同级政府竞争。

在中国的分权结构下，财政竞争迫使地方政府为保障其巨额的公共支出寻找更多的融资渠道。提高税率不会是理性地方政府融资的首选，尽管这是为其巨额财政支出提供资金的最直接最有效的方式，这主要是因为这种行为使地方政府失去财政竞争中的优势地位（Oates，1985）。可供选择的替代方案可能是对溢出的公共品收取"使用者付费"（Fuest & Kolmar，2007）。为了弄清楚如何在不同的公共条款中收取"使用者付费"，有必要研究财政政策可能对公共品供给的外部性产生什么影响。如果某个特定的地方政府做出的决定对其他地方政府所管辖区域的消费者效用或资源产生不同的影响，则外部性会有所不同。在大多数研究中，这种外部性通常与提供排他性和非竞争性商品有关。Brito 和 Oakland（1980）通过比较地方政府的不同公共供给，并关注消费者之间的歧视性价格来探讨这个

---

① 周黎安研究了中国地方政府治理结构的性质和特点，即官员晋升锦标赛模型，试图将这种模式与中国的增长奇迹和与奇迹相关的许多社会和经济问题联系起来。所谓的官员晋升锦标赛是指，地方政府官员为了晋升而把主要财力花费在短期内能够出较大经济效益的项目中，地方之间相互竞赛，以保持在晋升中的优势地位或得到进一步提升。

外溢问题。Fraser（1996）分析了不同应用中的使用者付费问题，并在均衡模型中发现了积极的排他性影响。此外，Fuest 和 Kolmar（2007）研究了用于区域间溢出商品融资的使用者付费策略以及相应的排他性政策。他们的结论是，分权政策会导致一系列的使用者付费战略的制定。虽然这些研究分析了商品供给的外部性，但从支出端和收入端的角度进行理论分析，以及地方政府间的空间实证经验比较是罕见的。

（三）偏好效应文献评述

许多国家在分权治理取得重大进展的背景下积极应对区域要素分配差距，因为权力下放——财政、行政权力和责任从中央政府下放到地方政府——被普遍认为具有缩小差距达到相对平等的巨大潜力并且能够有助于有效资源分配（Caldeira et al.，2014；Liu，2014）。因此，人们也认识到权力下放已被提出作为维护社会公平和改善治理的有力工具（Jin，2005）。

现有文献强调了财政分权在减少生产要素分配不平等方面的重要性，因为分权使得地方政府在公共品供给方面对异质偏好有相对更多的信息处理，且能够迅速对其管辖范围内的不平等问题作出反应（Larson & Soto，2008；Blomquist，2010；Barseghyan，2014）。尤其是关于减贫问题，正如 Jütting（2009）所研究的那样，财政分权改革有助于更准确地反映公众需求偏好，完善公共部门问责制并提高政府宏观调控水平，而这些政策的制定对减少贫困有重要的积极作用。因此，财政分权被认为是非常有效的减少贫富之间的不平等的重要制度因素（He，2015）。

但学术界仍存在相左的观点。Bardhan 和 Mookherjee（2005）认为，分权制度加强了地方政府对改善居民整体福利的关注，这有利于当地精英获得政府更多的关注以换取政治投票。因此，地方公共支出政策更倾向于富人而忽视贫困群体，也可能不利于减贫（Kerr，2014；Hernandez-Trillo，2016；Ania & Wagener，2016）。财政分权导致收入分配倾向于资本因素，从而破坏了收入公平（Pal & Wahhaj，

2015）。Kappeler 和 Välilä（2008）进一步指出，分权制度将减少再分配公共投资占总公共投资的比例，这将导致生产要素的分配倾向于资本回报而非劳动力。Hao 和 Wei（2010）利用来自200多个城市的数据确定中国财政分权导致的收入差距在扩大。如果分权程度高的地方政府在资本建设和经济发展上花费更多而减少分配偏好的话，社会分层的增加可能会扩大贫富差距（Smith & Revell，2016；Getachew & Turnovsky，2015）。Getachew 和 Turnovsky（2015）也支持这种观点，即通过支持富裕的资本所有者，公共支出将会加剧不平等。

产生两种相左观点的主要原因可能在于财政分权包含两个方面：支出分权和收入分权，可能对生产要素分配产生不同影响。然而，很少有研究阐明财政分权与资本—劳动力分配之间的内在机制。本书的第五章将通过引入 Groenewold 和 Hagger（2007）与 Wöhrmann（1999）的两部门一般均衡模型来填补这一空白，以探讨财政分权影响，但我们在建模方面与他们不同。一个关键的区别是，我们将比较支出端分权与收入端分权，并讨论地方政府与中央政府两个级别公共部门的影响，而 Wöhrmann（1999）的研究局限于财政政策在中央政府中的表现。此外，我们建构的模型与 Groenewold 和 Hagger（2007）相比的另一个主要优势在于，我们使基于税收收入分权和基于社会保障的支出分权内生化。因此，我们可以讨论它们对生产要素分配的不同影响。它提供了一种新的理论解决方案，以澄清财政分权的难题。除了理论之外，我们的研究具有重要的现实意义，因为从财政分权的角度考察要素分配不平等，对于经济新常态背景下的中国供给侧结构性改革具有更为重要的意义。

（四）环境效应文献评述

在中央政府和地方政府之间分配税收收入是许多国家财政治理中不可或缺的一部分。其自然资源收入在影响财政收入分配的决策上起着至关重要的作用。无论当前的问题是财政集中体制还是分权体制，地理位置和自然资源收入的分配都发挥着积极作用。

许多国家都是在分权治理取得重大进展的背景下应对环境污染问题的，原因在于财政分权可以通过降低地方公共品供应的成本和提高公共支出的效率来更好地管理稀缺资源（Oates，1985）。我们认为，在一个相对分权化的财政管理体系中，地方政府可以利用公共偏好的信息优势提供更有效的公共服务（Larson & Soto，2008；Blomquist et al.，2010；Barseghyen & Coate，2014）。因此，环境治理作为地方性公共品供给，在分权体制下具有一定的管理优势。

然而，这种分权化优势只适用于缺乏规模和外部性的内部经济（蔡昉，2017）。环境治理作为一项公共服务，具有很高的外部性。环境服务或环境污染很容易跨越辖区的边界，导致空间外部性，而地方政府为了减少当地行政成本，更加容易在环境治理这一公共品供给上出现"搭便车"的倾向，因此环境治理可能需要更集中的解决办法。有学者认为，中国式财政分权下，中国的环境问题主要来自地方政府的行为（蔡昉，2017）。为了追求经济和政治利益，当地机构往往愿意牺牲自然资源，因为环境成本在管辖地区之间是不对称分布的。当地政府可以通过转嫁本地成本或者通过获取环境利益而避免支付成本的方式，改善当地环境。这一行为不仅影响当地政府的行为决策，而且影响其他辖区政府对环境政策的制定。因此，避免资源错配或扭曲的期望不能仅仅通过将任务下放给适当分权化的政府来实现，因为这种权力下放的规则很难提供足够的激励来使外部性内在化（Young，2000）。此外，分权管理体制容易被忽略的问题是分权化的财政管理制度会增加寻租和腐败的机会，这是因为地方政府有发展地区的需求，特别是在政治激励和财政激励双重驱动下，更加偏向招商引资，这就给予了地方政府设租寻租的空间，进而与相关企业的利益勾结，在项目投资方面更加倾向于短任期内出高绩效的项目，因此更容易以环境污染为代价来换取当地经济的快速发展，以赢得官员自身获取晋升的机会（Guo & Zheng，2012）。综上所述，学者们在将环境保护视为公共产品时，财政分权对这一特定公共品供给一方面具有一定管理优势，另一方面由于外部性的存在，主流观点认为环境污染的主要制度性原因在于分权制度给予了地方政府更多寻租和设租的可能，因而在地区发展中容易着眼于经济增长而忽视环境质量（He，2015）。

此外，财政权力下放赋予了地方政府较多的制定财政政策的自由度，即相对宽松的财政自治权，这可能会演绎出一个地区事实——追求地方发展或官员政治晋升而形成地区壁垒，进而导致要素市场分割。通常情况下，地方政府会通过限制地方要素优势流出等行政手段来保护地方优势产业或地方稀缺的优势资源（周黎安，2007）。要素资源的不流动会导致地方政府将本地发展局限于一个较为封闭范围内，这种行为可能形成无形的贸易壁垒，导致区域市场分割。政府行为扭曲引致的要素市场分割能够从另一条路径加强地区环境污染。市场分割是指在一个国家内部，地方资源的流入和流出受到限制和干预而导致市场一体化的缺失，其最直观的表现是要素价格扭曲。我们从上述文献中可以看到，财政分权在一定程度上导致了地区的要素市场分割（范子英、张军，2010），但要素市场分割与地区性的环境污染是什么关系呢？财政分权是如何通过要素市场分割这一因素来影响环境污染的呢？我们发现，很少有研究通过要素市场分割的机制来阐明财政分权与环境污染的内在机制。本书第六章将在 Antoci 等（2015）和 Wöhrmann（1999）研究财政分权的影响的基础上，引入两部门一般均衡模型来填补这一空白，但我们在建模细节上与他们有所不同。一个关键的区别是，我们比较了支出端分权与收入端分权对地方环境污染的影响，我们将地方政府与中央政府分开，而 Wöhrmann（1999）的研究仅限于政府内部的财政政策绩效评价。我们也不同于 Antoci 等（2015），因为我们进一步考虑自然资源作为中间产品，受到资本价格在外部市场的影响，并可能产生环境的溢出效应，这不仅有助于更好地分析市场要素分割和社会成本之间的关系，同时也能将要素分割作为一个重要的机制传导器，更好地探究要素市场分割对财政分权与环境污染的内在机制。它为厘清要素市场分割对财政分权与环境的影响路径提供了一个新的理论解决方案。我们的研究具有重要的现实意义，因为从财政分权所导致的地区要素市场分割的角度审视环境污染问题，对于中国在经济新常态背景下的供给侧结构性改革可能提供了环境治理的新思路。

综上，目前的研究中鲜有从市场分割视角剖析财政分权地区环境污染影响效应的文献，且基于我国地域广阔、东中西部地区自然禀赋差异大等特点，财政分权环境效应的地域特征也是本书所考察的重点。特别是关于财政分权通过要素市场分割影响环境污染的文献较少地利用空间计量的方法探究地区间的外溢影响，我们的研究是对上述问题的一个有力的补充。中国式财政分权背景下的地方政府行为，特别是公共品供给行为，不是单纯地存在于内部市场的，它是一个有机、系统的地区性相互影响的动态均衡结果，因此这一问题是研究公共品供给与环境污染外溢的深化和拓展。而环境污染尤其是大气污染和水体污染在我国有显著的地区空间外溢效应，因此，针对各因素的空间溢出特性，本书将理论推导分析和空间计量实证方法相结合，从要素市场分割角度入手，进一步讨论中国式财政分权对公共品供给的环境效应。

第三节　研究方法与研究内容

一　研究方法

结合本书的主要内容、研究对象、数据特点以及研究目的，本书将主要采取理论推导分析与计量实证分析相结合的方法，具体来说有以下几种：

（1）数学建模法。本书的主要内容是财政分权的综合效应研究，需要研究财政分权的多个效应，如规模效应、外溢效应、偏好效应以及环境效应等。本书需要探究财政分权多种效应的影响路径和内生机制，因此在第三章至第六章都使用具体的数学模型进行逻辑推导和证明，用以呈现经济学和数学相结合的分析结果，以考察经济现象背后的逻辑规律和经济本质。

（2）计量分析法。建立适合每个具体研究内容的实证模型，如基准的 OLS 回归、面板门限回归、滞后期动态面板回归、空间 Durbin 模型等。针对具体数据特点，选择不同的实证模型对所研究的问题进行回归分析，利用 STATA 和 MATLAB 软件探索数据背后的深层含义，解释数据的经济学含义。

（3）图表统计法。在面对动态庞大的数据面板时，合理地总结归纳整理数据是前提和基础，这就需要图表统计法。运用命令，对数据进行描述性统计，并对研究结果进行图形整理，能够得出更直观的分析结果。

二　研究内容

如今国内学界在财政分权领域已有大量文献，这为我们探索空间溢出视角下中国式财政分权对公共品供给的综合效应提供了基础和借鉴，然而现有研究存在明显的局限和不足，体现如下：（1）分权维度时空变化趋势不清，财政分权指标存在巨大差异：如单一采用财政支出横向分权指标，或单一采用纵向财政自主性指标，或仅使用省内支出分权指标。本书借鉴张光（2011）和徐永胜、乔宝云（2012）的财政分权测度，纳入不同政府间财政空间关系，不仅考虑各地区政府间的财政分权关系，还囊括了各地区对上级政府的财政关系，利用二者交互项分别定义财政分权的收入端和支出端，使分权空间指标的选取更加全面合理；（2）分权影响公共品供给的机制路径不明，影响其综合效应的全面评估：已有机理多侧重微观机理，较少考虑政策空间溢出机制和空间异质性特征的耦合机理，大大低估财政分权的综合效应。本书从中国式财政分权的特征事实出发，构建了一个包含中央和地方两级政府的一般均衡分析框架，对分权影响地方公共品供给行为的内在空间机制进行理论解释，并充分利用 GMM、SDM 模型等对其综合效应进行评估；（3）财政分权制度体系不完善，无法达到新时代"精准财政"的操作要求：结合上述机制识别与效应模拟，推动应急式短期财权事权调整向统筹式精准财政机制建设转变，促进公共品空间供给高质量发展的财政分权精准治理体系优化。

因此，本书在现有研究基础上尝试进一步解决以下问题：①如何确定政府间财政关系在事权和财权维度上的时空变化趋势及其一般性特征基础上中国特色的制度解析；②如何定量厘清中国式财政分权与公共品供给之间所存在的复杂动态空间关系，即如何进行机制识别与效应模拟；③如何完善和优化财政分权制度体系，构建中国式分权维度上的"精准财政"体系，使其与高质量发展的新时代要求相适应。鉴于此，本书沿着"财政分权解析→机制识别与效应模拟→分权制度优化"的逻辑主线，首先解析中国特色的财政分权体制；其次厘清分权对地方公共品供给多重效应的内在机制并实施量化模拟评估；最后优化财政分权制度。本书结构及主要内容安排如下：

第一章绪论，提出问题、分类整理与本书内容相关的文献，阐述本书的内容结构，并分析难点与创新点。

第二章考察中国式财政分权的演化脉络及主要效应，分析中国式财政分权出现的新变化、新特点，归纳阐述财政分权作用于公共品供给的内在机制，重点分析财政分权的规模效应、外溢效应、偏好效应以及环境效应。

第三章研究财政分权的规模效应，即分析地方政府的财政模式和地方性公共品供给的特征事实和制度背景以及在内生模型下探讨财政分权对公共品供给规模的影响，讨论中国式财政分权与中央政府和地方政府规模的关系。本章研究了在平衡增长路径下，政府生产性支出能达到动态均衡，事权下放和财权下放对不同的政府规模具有不同效应，内生增长模型和实证回归结果表明：①不同的财政分权以及分权程度会导致中央政府和地方政府规模增长的差异；

②财政分权程度，特别是事权下放程度对地方政府规模效应存在空间差异，即公共政策导向和地区差异是影响财政分权程度的重要因素，因此影响地方政府规模；③地方政府规模取决于支出端分权的程度，并受到人均 GDP 和经济开放程度的影响，呈现阈值效应。正是因为财政分权的收入端和支出端对政府规模的影响不一致，政府规模膨胀的综合表现显得比较模糊。

第四章研究财政分权的外溢效应，即给出一个考察地方性公共品供给的外溢模型并探讨政府行为取向对其他政府影响的理论框架，并在此基础上进行空间溢出的实证模型分析。第四章顺承第三章而来，在第三章探讨某一地区内部不同财政分权效应的基础上，继续深入探讨一个地区的财政分权效应对另一个地区公共品供给的外溢性影响。本章认为财政分权的外溢效应受到公共品性质的影响，如互补性和替代性，同时也受到分配政策和公共品供给结构的影响。

第五章研究财政分权的偏好效应，即通过构建数学模型，将财政分权、要素收入分配纳入其中，讨论政府支出偏好的影响。通过建立财政分权指标，利用 1994—2013 年的省际面板数据进行空间回归分析，本章研究发现，以经济发展为导向的支出确实促进了生产要素分配向资本要素倾斜，然而，以社会公平为导向的财政支出将会提高劳动报酬的比例。

第六章研究财政分权的环境效应，即在现有对财政分权环境效应的研究中考虑要素资源的配置效率以及污染的空间外溢性特征，通过构建包含污染物排放约束下要素市场分割两部门模型，并利用面板数据进行经验论证，着重阐述财政分权通过作用于要素市场分割所产生的环境效应。

第七章总结全书，并对财政体制建设提出有益思考，同时提出今后研究工作的思路。

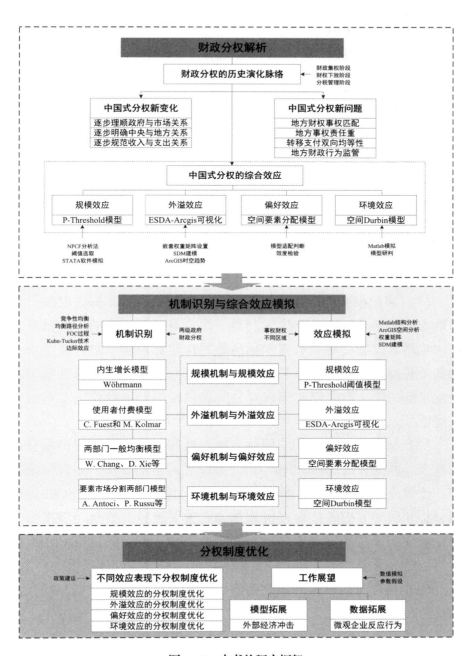

图 1-2 本书的研究框架

第四节　研究难点与创新点

一　研究难点

本书试图从中央和地方财政关系以及公共品供给的角度，考察中国式财政分权是如何影响地方政府规模扩张并进而影响其他地区公共品供给的，并讨论财政分权背景下，公共品供给的规模效应、外溢效应、偏好效应和环境效应。不同地区的财政分权及其结构是否会改变地方公共品供给的均衡、如何改变该均衡及会产生何种效应是值得深入研究的问题。因此本书考虑了中国式财政分权背景下，地方公共品供给的规模效应、外溢效应、偏好效应以及环境效应。

（1）多种模型的构建问题。构建内生增长模型，探讨财政分权对地方性公共品供给的内生机制是一个难点。拟解决的措施就是学习内生增长模型，研究哈密尔顿函数的构建和最优求解，并学习在均衡增长路径下对内生增长模型进行求解分析；分析外部性模型的最优求解问题，解决财政分权对公共品供给的外溢效应以及环境效应问题。

（2）解决实证模型回归问题。地方政府规模取决于支出端分权的程度，并受到人均 GDP 和经济开放程度因素的影响，呈现阈值效应，该效应的实证经验支撑也是一个难点。学习 STATA、SPSS 等数据分析和回归分析软件是解决该难点的重要途径。涉及外溢模型的构建和空间计量经济学的软件分析工具，如 MATLAB 和 GEODA 的学习也是十分必要的。同时，数据的搜集、整理和处理是重点。

（3）财政分权程度的测度是本书的研究重点也是难点。现存指标仅考虑了地区级政府横向的财政关系，缺乏对地方政府与中央政府财政关系的观察。本书在数据选取时，既要考虑地区之间的财政分权程度，也要考虑垂直政府之间的财政分权程度，并兼顾对财政分权收入端和支出端两方面的衡量，这才符合从收支端不同方面对财政分权的考察。

二 探索创新

本书对比其他文献，具有以下特点：

（1）研究视角与思路的创新。本书在综述国内外相关研究成果的基础上，综合运用内生模型理论、外溢模型理论、福利经济学理论、财政分权理论、公共品供给理论等，采用理论分析和回归分析相结合的方法，从空间溢出视角探讨财政分权对公共品供给的综合效应，以综合效应为导向倒推财政分权体系的构建，并对财政分权体制的完善和优化提出有益思考。

（2）规模效应研究方面的创新。第一，从理论层面给出中国式分权对政府规模影响的特殊性，从支出结构、地方性公共品供给能力和公共池资源等影响路径研究财政分权对政府规模膨胀的冲击；第二，在测度财政分权指标时，从横向纵向双重层面考虑了分权程度；第三，从跨国和针对国内样本的研究来看，重新构建具有说服力的财政分权指标，在此基础上作出稳健性对比分析，并以中国省级经验探讨"利维坦假说"在中国失效的背后机理，这是研究财政分权与政府规模关系的一次重大进步。

（3）外溢效应研究方面的创新。我们主要关注一个特定地方政府的财政政策将如何影响其他辖区的公共供给，其重点在于比较财权和事权在该问题上的不同表现。这是从财权和事权两个角度对地方公共品供给的溢出效应进行理论和数学建模的首次尝试，并在地方政府公共品供给的实践中证实了地方政府事权的竞争。我们的方法对分权理论的构建有一定的贡献，因为事权财权结构的不同可能对地方政府行为产生不同的影响，特别是在我们的分析中，事权下放加剧了地方政府竞争，而收入端分权则相反。但是，这并不意味着我们的结论更加偏向中央将财权下放而收紧事权。因此，本书的重要意义在于，我们需要比对财政和事权两个方面，并合理地规划与布局财政分权的结构，以确定地方政府的最佳财政行为。

（4）偏好效应研究方面的创新。通过分析要素分配不平等的特征，找出其与财政分权的相关性，确定在要素收入分配现状下公共支出的偏好问题。我们发现，很少有研究将要素收入分配与公共支出偏好结合起来分析。基于两部门的内生模型，我们着重揭示财政分权影响要素分配的内在机制，并运用空间 Durbin 模型探究在该机制下公共支出的空间偏好问题。

（5）环境效应研究方面的创新。首先，将要素市场分割纳入理论模型中，讨论了在污染物排放约束下的一般均衡解。其次，从要素市场分割的视角，深入研究了财政分权的收入端、支出端对环境污染的空间影响。研究表明，要素市场分割使生产的社会成本提高，加剧了财政分权的环境损失。这是从空间计量的角度探究财政分权收入端和支出端对地方政府环境污染的一次重大进步。

综上所述，从财政分权程度着手，探究财政分权收入端和支出端对地方政府公共品供给行为产生的主要效应是一次重大进步，研究发现财政分权对公共支出具有规模效应、外溢效应、偏好效应以及环境效应是本书的主要成果。

第二章

中国式财政分权的演化
脉络及主要效应

第一节 中国式财政分权的演变历史

一 中国式财政分权演变历史梳理

财政体制是中国政治经济体制的重要组成部分，更是国家治理的关键。我国的财政体制自新中国成立以来经历了大致三个阶段的历史演变，随着财政体制变革，中央和地方的财税关系也出现了频繁且深刻的变化。图2-1显示在地方财权和事权划分基础上财政体制变迁的三个阶段，我们不难看出，新中国成立以来的财政体制变革对地方财权和事权结构的影响是巨大的。财政体制的变迁史也是中央和地方财政关系的重构史。

（一）财政集权阶段——"统收统支"向"财政分成"过渡

1950—1979 年是中国财政体制的集权阶段。新中国刚刚成立时，为了适应稳定经济的目标，中国开始实行高度集中的"统收统支"财政管理体制。这一时期，中央拥有财政管理方面的几乎全部权限，

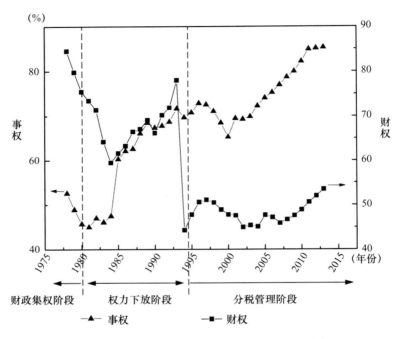

图 2-1　中国式财政分权历史演变的分阶段示意

地方所得收入必须上缴中央，再由中央统一分配。中央政府拥有制定"财政收支项目、收支程序、税收制度、供给标准、行政人员编制"等方面的财权，这一阶段财政管理体制的特点是"划分收支、分级管理"。从 1958 年的"以收定支、五年不变"到 1970 年的"总额分成、一年一变"，中央政府把握着绝对的财权。自 1971 年开始实施"分成、包干"的管理办法，使收支挂钩，从固定比例留成到超收分成，从总额分成到增收分成，地方的财权比重一直在降低。通过明确划分中央和地方的财政管理权限，保证财权集中于中央。

　　这种高度集权的"统收统支"财政管理体制，适应了中央集权和计划经济的宏观需要。在特定的需要维护社会稳定背景下，有效地改善了经济长期分散管理的局面，极大地减少了市场价格的波动，使得该时期军需和经济恢复得到了资金保障。但不可否认的是，这种建立在计划经济体制上的"统收统支"财政集中制使中央的财权过分集中，极大抑制了地方经济发展的积极性。

（二）财权下放阶段——"分级包干，分灶吃饭"

1980—1993 年是中国财政体制的财权下放阶段。党的十一届三中全会后，社会主义市场经济体制逐步确立，中国财政体制迎来了新的历史背景——市场化经济需求。为了更大限度地调动地方生产的积极性，中央政府开始实行大规模的财政权力下放，中央和地方的财税关系进行了一场完全不同于上一个时期的深刻变革。从 1980 年实施"分灶吃饭"的财政体制开始，以权力下放为主要特征的"分级包干"体制逐步建立：①1980—1985 年的"划分收支、分级包干"的财政体制；②1985—1988 年的"划分税收、核定收支、分级包干"的财政体制；③1988—1994 年的"多种形式包干"的财政体制。

这种"分级包干"的财政权力下放体制，适应了中国大力发展经济的历史背景。我们从图 2 - 1 可以看到，这一时期，地方的财权和事权趋于平衡，特别是财权增长较快。地方政府职能得以扩展，从过去单一执行中央政府所制定的财税目标，到促进经济发展、实现稀缺资源更合理配置、实现公平等主要职能。财政权力下放使得地方成为公共品供给的主体，能够更好地针对辖区内居民的异质偏好做好公共品供给服务，从经济上使地方政府生产的积极性提高，从政治上使地方政府的财政权力相对自由和真正独立，保证了地方政府的财税利益，为后续国家完善分税制改革等其他财税管理制度打下了坚实的基础。

（三）分税管理阶段——"现代财政管理体制"

1994 年至今是中国财政体制向现代化财政管理体制迈进的分税制阶段。经历了"统收统支"的财政集权管理体制到"分灶吃饭"的财政放权管理体制，历史证明，无论是中央政府大包大揽还是地方政府分级包干，都无法适应经济发展的时代需求。不可否认，在建立"分级包干"的财政管理体制之初，最大限度地增强了地方政府对公共品供给乃至促进宏观经济增长的积极性，但随着"分灶吃饭"继续实施，其弊端日益显现：

第一，中央政府调控无力。根据《中国财政年鉴》的数据显示，"两个比重"的下降造成中央赤字居高不下——中央财政收入占国内生产总值的比重从 1978 年的 31.2% 下降到 1993 年的 18%；中央财政收入占整个财政收入的比重从 1978 年的 45.8% 下降到 1993 年的 22%。这极大地影响了国家治理能力，同时由于地方政府掌握的财政自由度很大，加剧了地方保护主义，影响了稀缺资源的有效配置，在某种程度上破坏了经济的稳定发展和可持续发展。

第二，地方税费杂乱无章。由于中央政府给予地方很大的财政自主权，这给地方政府扩张财政收入提供了制度保障，因此普遍出现了预算外资金扩大的现象。预算外资金是可以由地方政府自由支配且不需要参与上级政府分成，因此产生了"乱收费、乱摊派"等现象，扭曲了财政职能。在"财政包干"的管理体制下，中央政府与地方政府之间缺乏统一的财力分配原则，很难在中央和地方之间建立具有约束财税利益分配的关系。

针对"分灶吃饭"的不足，中央开始实行全面且深入的一次财税体制改革——分税制改革。这次改革既考虑了地方利益，调动了地方政府发展经济增加收支的积极性，又适当地增加了中央的财力，增强了中央政府宏观调控的能力。因此，这种以"分税制"改革为核心的财政管理体制的建立，实质上是重新确定了中央和地方的财权和事权，通过税收形成了中央和地方的税收体系。如图 2-1 所示，1994 年之后，地方的财权和事权结构有了新的变化：事权增多而财权减少。

相比于财政包干制，分税制使得政府间的财政关系趋向规范，有利于产业结构的合理调整和稀缺资源的优化配置，更符合我国政治体制和经济体制的基本要求，更加能适应市场经济发展的新要求和新挑战，是一种更加科学更加完善的财政管理体制。分税制的建立标志着我国现代化财政管理体制的基本确定。

二 中国式财政分权演变历史小结

早期的公共财政理论（现在通常被称为"财政联邦制的第一代理论"）通过对比集权体制下所有司法管辖区集中提供单一、统一的公共产出，进而强调了分权下的地方公共品和服务的潜在福利收益。这些潜在收益是在集权制下中央政府面对地方公共需求多样性所不能获得的，即中央政府在地方公共品供给上存在信息不对称，这会造成部分消费者福利的损失。原因在于，这些福利收益并未囊括将跨区域公共品供给外部性内部化所需的成本。第二代财政联邦制理论从政治和制度角度强调了权力下放所带来的好处。因为权力下放带来政府之间的竞争，这被认为有助于限制中央政府垄断，从而促进地方经济发展。然而，并非每个分权化的财政体系都能产生有益结果。在地方财政自治背景下，地方政府面临的预算软约束，会造成责任和权利的不匹配，且地方政府收入激增等都很容易破坏分权体制，从而造成当地租金上涨，增大腐败滋生的机会。

在财政责任制下，中央政府将经济政策制定和重要财政权力下放给地方政府能够形成硬预算约束。地方政府采取了市场导向政策并提高了自己的税收收入。通过与中央政府谈判，地方政府得以将所有收入的50%分享到预先指定的收入水平，并保留超过此水平的所有收入。正如 Jin 等（2005）所发现的，地方政府平均边际保留率为89%，而其中68%的地方政府其边际保留率达到100%。面对强有力的财政激励措施，许多地方政府经历了高速的经济增长。随着改革取得成功，中央政府将额外的激励和政治权力下放给了地方政府，后者起到了对中央政府政治权力的监督与制约作用。然而，财政责任制也导致中央政府财政大幅下降，转移到中央政府的税收份额从1985年的39%下降到1993年的22%；总收入从1978年的31%下降到1994年的11.2%。因此，财政责任制导致了"权力下放过度"和对财政体系的重新思考。

第二节 中国式财政分权的特征事实

一 中国式财政分权的新变化

第一，逐步理顺了政府与市场的关系。分权是政府配置资源的财政手段，分税制的建立划定了政府和市场的边界，明确了政府的支出责任，使中央和地方能够合理确定财政收支规模和财政收支结构。其具体原则就是：凡是能够依赖市场定价的由市场进行资源配置，市场存在失灵的地方，政府弥补，通过财政管理体制的建立逐步解决计划经济体制遗留下来的公共部门缺位和越位问题，促进经济健康蓬勃发展。以财政支出占 GDP 的比重衡量政府公共品供给的界限和界定各类公共品的量。值得注意的是，许多公共设施都属于准公共品，其公共性边界并没有纯公共品那么明显，因此这部分公共品供给必须协调政府和市场的职能，充分发挥资源配置效率，完善财政管理体制。

第二，逐步明确了中央和地方的关系。分税制的建立适应了市场经济发展的需要，顺应了中央宏观调控的要求。我们从财政预算比可以看到，1994 年之后中央预算收入占全国的比重由高到缓慢降低，而地方预算收入占全国的比重由低到高，这说明分税制一方面适应了前期国家宏观调控的需求，后期又充分调动了地方的积极性，这是财政分权体制运行的必然结果。通过空前的财权事权下放，使得地方政府获得了更多的财政自治权和支配权，激活了地方政府积极性。另外，我们从财政收支结构还可以看到，税收收入的比重增长不敌预算外资金收入，一方面说明这解决了在计划经济背景下财权过于集中所导致的地方政府财力紧张、发展经济积极性不高的问题；另一方面则预示着分税制下应当加强"收支一条线"管理和平衡预算管理。

第三，逐步规范了支出和收入的关系。1994 年建立的分税制是符合市场经济体制要求的，其建立的税收体系有助于保证税收收入的适度增长，其进一步完善的流转税、所得税、财产税税制及征管方式的加强，更突出了税收的经济调节功能。在收入规范方面，坚持按照税种划分中央独享税种、地方独享税种以及中央和地方的共享税种（如表2–1）。

表2–1　　　　　　　　　**分税制后支出和收入的划分**

1994 年分税制后地方与中央的财权事权划分	
A. 收入划分	
中央税	消费税（含进口环节海关代征的部分）、车辆购置税、关税、海关代征的进口环节增值税
地方税	城镇土地使用税、耕地占用税、土地增值税、房产税、车船税、契税、筵席税
中央地方共享税	增值税、营业税和城市维护建设税（铁道部、各银行总行、各保险总公司集中缴纳的部分归中央政府，其余部分归地方政府）、企业所得税、个人所得税、资源税（海洋石油企业缴纳的部分归中央政府，其余部分归地方政府）、证券交易的印花税
B. 支出划分	
中央事权责任	国防、武警、重点建设、中央单位事业经费和中央单位职工工资
地方事权责任	地方行政管理费、公检法支出、地方统筹基本建设支出、城市维护和建设经费、地方科教文卫支出、价格补贴

资料来源：陈共编著：《财政学》（第六版），中国人民大学出版社 2009 年版。

二　中国式财政分权的新问题

第一，由于分税制是适应提高中央政府宏观调控能力需要的财政体制改革，因此，财权部分上缴中央使得地方财政支出责任缺乏相应的财权匹配。在这样的背景下，一方面容易引起地方官员为了在晋升中获得优势地位而展开政府支出竞争，另一方面容易导致地方政府预算赤字长期增长和地方债务长期累积，其最终结果是地方政府过度依赖土地财政这一地方独享的主要税源，造成经济过热，冲击宏观经济的稳定性。

第二，地方事权责任重也是分税制的主要特点之一。分税制在构建财权和事权划分体系时只限定到中央和省一级，对省以下行政区划，如市县乡，并没有具体要求，因此事权责任层层下达，导致基层财政困难较大。由于事权下沉，乡县财政困难程度较大，容易引发预算外资金逐年增多的问题，为基层政府设租和寻租提供空间，滋生腐败，打破以市场为主导的资源配置格局，造成经济低效。

第三，转移支付制度在一定程度上是平衡地方财政收支的重要手段，从横向来看，容易造成财政收入少的地方过多依赖转移支付，这种横向分配制度本身并没有达到改善贫困地区自我增收能力的预期，反而削弱了财政富裕地区的积极性；从纵向来看，中央的专项财政支付比例过高还容易引起权力腐败问题。转移支付制度从实践上来看，并没有有效达到横纵双向平衡的均等化目标。

第四，分税制在将财权事权向下授权的过程中缺乏对地方政府财政行为的相关监管，导致分税制下地方政府往往面临经济和政治的双重激励。由于存在外资竞争、高度财政激励等地方政府政绩考核模式，地方政府热衷于发展地方经济，主要表现在地方官员更加偏重于投资型财政支出，且其支出规模不断扩张，最终结果是容易引发严重的经济过热或低效经济。

第三节　中国式财政分权的综合效应

从中国式分权的演变历史可以看到，财政分权本质上是中央政府和地方政府财税关系的调整，具体来说，是中央和地方对财政收入的重新划分，同时对中央和地方财政主要承担责任做出更细致化的规范，并相应形成多种方式并存的政府间转移支付制度。在财政分权体制下，各级政府的收支范围、权限和责任进一步明确，使预算约束趋于硬化，使中央政府和地方政府之间的利益边界逐渐清晰，同时能够灵活地对地方财税状况进行宏观调控。

因此，财政分权对地方事权和财权的调整在很大程度上决定了地方政府利益分配，进而深刻影响着地方政府公共品供给这一主要职能。随着财政权力的逐步下放，以地方发展为主导的区域经济发展模式逐渐呈现，各地政府在依靠自身财力增长的基础上开始了区域层面的公共品供给竞赛乃至经济竞赛。地方政府在面临财政分权收入端和支出端失衡所导致的巨大财政赤字时，会想方设法寻找新税源或扩大已有税源，其主要途径是扩大地方税，如营业税、城建税、船舶吨税、土地使用税、契税、耕地占用税等，我们可以看到这些收入大部分都与土地有着密切的联系，因此最直接的结果就是地方政府以土地生财，过度开发土地进行城市建设，或旧城改造、或扩张用地规模、或变更用地商业性质，税收的持续增长为公共支出奠定了基础，因此财政支出，特别是以生产投资为主的财政支出，成为地方政府保障地方经济发展绩效，更是地方官员得以晋升的基础。以 GDP 为导向的地方官员绩效考核指标把地方经济的发展与政治治理紧密结合，公共支出在"权力下放—土地财政增收—加大公共生产性支出"的循环模式中不断扩张。

这种持续增长的公共土地财政和生产性投资为主导的地方公共品模式容易出现下列问题：一是地方财政支出规模扩张以及政府间政府竞争效应，财政竞争可能导致政府支出效率低下，也就是说，地方政府一方面只愿意在短期内产生经济效益的公共投入上花钱来吸引资金，另一方面在公共品外溢方面花费更多的制度成本，只提供有利于当地居民的公共服务。我们将二者分别称之为"规模效应"和"外溢效应"。二是地方政府的税收优惠竞赛，这种竞赛一般是以经济建设为导向，而忽视了本地区特有的要素禀赋，没有做到"因地制宜"，而一味追求高速的 GDP 增长率，地方官员掠夺性发展倾向，产生 GDP 导向的投资潮涌现象，造成地方公共支出"重建设、轻保障"的投资倾向，导致在要素市场中"轻劳动而重资本"和公共品供给中"轻保障而重生产"的失衡状态。我们称之为"偏好效应"。三是要素市场分割，在要素市场分割下，一方面重复建设，产能过剩，另一方面限制了要素资源的自由流动，要素价格不变，导致私人成本远远小于社会成本，造成环境污染，制约经济可持续发展，我们称之为"环境效应"。

一　规模效应

市场失灵使得政府干预必不可少，政府的干预以政府对公共品的提供和对地方公共资源的控制为途径，后者可以用政府规模来衡量，随着政府干预的深化及公共需求的复杂性和偏好性，权力下放势在必行。在负外部性效应显著的领域，"看得见的手"从一定程度上为"看不见的手"提供了一个相对公平和有效的竞争环境，如在公共品搭便车问题中引入退还奖金机制（Zubrickes，2014；Libman，2015）。政府规模往往通过改变租金和资源的实际分配得以扩张，如改变劳动力和资本的流动性与流向性（Libman，2015）。政府只能按其财政年间所管辖地域的收入总额（大部分为税收收入）维持其公共品的支出（Chang et al.，2013），分权或集权的收支方式则是衡量有效支出的重要指标。财政分权，在某种程度上，能鼓励地方政府保护本地企业免遭外部优势企业对本土企业的冲击，保证当地市场上产品和劳务的总需求，以期稳定地方政府自身的收入（Gordon，2012）。为了保持良好的发展业绩以及达到经济主体的帕累托最优，政府的最优规模有可能成为一个主要的政治目标。在研究财政分权与政府规模扩张的内在机制问题上，最重要的理论当属利维坦假说，其中强调了财政分权是行为约束，影响公共部门的规模。

公共部门由于需要应对更复杂的经济形势以及公共品需求的不断扩大，使得政府规模膨胀成为客观事实。政府规模不断扩大会对经济增长产生双重影响（Bodman，2011；Hammond & Tosun，2011）。一方面，增加政府支出提高了资本的边际生产率，从而能够积极地影响经济增速；另一方面，不断扩大的支出规模可能会高估地方公共品的价格，进而产生抬高公共品成本、滋生腐败、过度课税等问题，并使得理性生产者降低积极性，劳动力资源和资本资源大量出逃，从而阻碍经济增长。只有政府处于一个较为合理的规模，经济的正面影响才能占据主导地位。

二　外溢效应

地方公共部门的支出行为主要体现为地方辖区内公共品的供给规模和供给结构，也就是说，公共支出政策是政府行使职能的手段，也是影响地区性资源配置的关键。财政分权使地方政府获得相当大程度的财政自治权，这给了地方政府与其他地方政府竞争时强有力的财政保障。不同地区的居民，由于经济发展水平、社会历史差异等，对公共品的需求必然不同。正是由于存在居民偏好的异质性，财政分权下地方性公共品供给才更有利于经济效率的提高。在财政分权的经济激励下，地方政府在公共品供给方面更加激烈，形成了外溢影响，这种财政分权与公共品供给外溢交互，又会反过来影响地方性资源的配置机制。Brueckner（2003）将"支出外溢"定义为"地方辖区内居民享受到其他相邻辖区政府的地方性公共品供给，或承担了其他相邻辖区地方性公共品供给的成本，从而导致辖区间公共品供给或公共政策相互影响"。

由于存在公共品的供给外溢，某辖区居民可能会改变其公共需求，导致公共品供给失衡，最终减少居民福利损失，影响稀缺资源的配置效率。具体来说，财政分权是对中央和地方以及地方之间事权财权的平衡调整，转移支付就是一个很好的例子，在中央预期地方财政能力均等化的目标下，税收筹资不努力的地方政府对于税收筹资努力的地方政府有"搭便车"行为，其表现为转移支付制度的"劫富济贫"性，最终后果是影响税收筹资努力地区的积极性。在支出方面同理，如果以环境支出为例，一个理性的地方政府在邻近地方政府已经建立了完善的环境设施的基础上，是不会再投资于环境改善的，因为邻近地方政府对环境设施的投资不仅改善了当地环境，同时也改善了周边环境，这种环境类公共品极易产生"搭便车"问

题，显而易见，没有环境支出的地方政府将自己的环境成本转嫁到
已经进行环境投资的地方政府身上，长此以往容易产生"公地悲
剧"，即所有的地方政府都不愿意在环境基础设施上投资，环境质量
持续下降。研究财政分权对公共品供给的外溢效应，有助于厘清财
政分权作用于供给外溢的内在机制，进而在外溢性方面给予一定的
法律约束，实现资源配置的帕累托效率。

三　偏好效应

我们知道，公共支出是财政政策的主要工具，表现为政府依据
经济发展情况采取相机抉择的策略，以公共支出政策完善资源配置
效率，对宏观经济进行调控。一方面，财政分权带来的财权下放成
为地方政府扩张资本的制度保障，通过吸引外资、带动企业投资和
生产性要素资源流动等方式，来获得地区更大的经济效益，因此在
公共支出上政府更加偏好生产性投资，这也是中国当前经济发展特
点所决定的。另一方面，中国政府的政治激励也对政府的生产性支
出偏好有巨大的推动力。地方政府需要通过生产性支出在短期内对
经济的拉动作用来展现政绩，具体表现在中央政府对地方政府的政
治激励，竞赛获胜者将得到提升，因为评估地方官员绩效的标准就
是 GDP 增长率，如果地方官员希望保持其职位或获得晋升，则有必
要将每项预算用于生产性投资以满足晋升要求，例如，通过关于优
惠税收减免、土地价格补贴甚至定制特殊激励方案的提案，以吸引
尽可能多的国内外投资，最终实现更好的官员晋升表现（范子英、
张军，2010）。增加生产性投资是地方政府在财政分权背景下最直接
的方式，更重要的是，这些生产性公共支出扩张是使其在地方官员
晋升竞争中排名靠前不可或缺的手段。

四　环境效应

财政分权导致要素市场分割，在要素市场分割下，一方面重复
建设，产能过剩；另一方面限制了要素资源的自由流动，要素价格

不变，导致私人成本远远小于社会成本，造成环境污染。

　　财政分权产生的环境问题有三：第一，财政分权赋予了地方政府更大的自治权力，并在制定税收和公共支出方面给予了地方政府更大的自由度，因此地方官员竞争追逐中，更倾向于将财政支出规模的扩张机制推向顶峰，导致地方官员在任期内偏重于短期高回报的产业，且不惜进行重复建设，不惜以环境为代价来发展地方经济。第二，环境保护，作为地区性的公共品供给，具有显著的外部性，这给予了地方政府将发展本地区经济的污染源转移的可操作性，例如煤矿工业的空气污染不仅仅出现在煤矿产地，在许多地理周边也存在较为严重的由煤炭污染源导致的空气污染，且这一毗邻效应又使得地区性环境污染的边界弱化，也就是说，地区性污染源虽然得以转移或地方将污染成本转嫁，但由于环境本身是弱边界性的公共品，污染物不会因为地理或行政边界而停止扩散，这也是我们治理污染需要政府协同规制的原因所在。第三，生产性支出偏好强化了要素分配倾向于资本而使得劳动报酬降低，要素分配的不均衡将直接导致收入差距扩大，依靠资本收入的人群收入激增，而依靠劳动收入的人群收入越来越少，因此穷人更容易陷入这样一个恶性循环：收入差距的扩大使得穷人更加依赖自然资源来维持其必要的生活水平，这一行为会给环境带来一定的压力，而要素收入的分配不均更是加剧了这一循环。

　　研究财政分权下的公共品供给，其效应可能不仅仅单一表现为"支出竞争"的规模效应，抑或是单一的区域间外溢效应，又或是"锦标赛模式"的偏好效应，它更可能是多种效应的综合环境体现。

第三章

中国式财政分权、"利维坦假说"与规模扩张

第一节　引言

近年来，公共部门所应对的经济形势愈发复杂，需满足的公共需求愈发多样，规模扩张已成客观事实。World Bank 数据显示 2000 年到 2015 年，一些发达国家如英国，其政府规模（财政支出占 GDP 的比重）从 32.77% 增至 38.65%，上升了 5.88 个百分点，希腊由 42.30% 增至 53.40%，上升了 11.10 个百分点；而发展中国家，如印度和中国，政府规模在这十年间分别上升了 2.11 个百分点和 9.87 个百分点。公共需求的高度异质要求中央政府分配给地方政府更多财权以优化配置稀缺公共资源，而分权程度差异将导致垂直分化的政府介入经济活动程度的不同，这在很大程度上有助于解释公共部门规模的差异化发展（Brueckner，2003；Choi，2010；Hammond & Tosun，2011）。正因如此，财政分权对政府规模的影响一直是公共经济学的研究热点（郭庆旺、贾俊雪，2010）。

本书旨在系统考察财政分权对中央政府和地方政府规模的影响，

并在此基础上探究其影响机制。在一个包含中央和地方公共品供给的内生增长模型基础上，通过约束社会生产和政府预算得到一般竞争性均衡，来探讨财政分权和政府规模的一阶关系。本书模型参照Wöhrmann（1999）和Marrero（2010）对政府生产性支出一般均衡模型的研究，但他们的模型仅考虑一级政府的支出关系，本书则将支出区分为中央支出和地方支出，以此考察中央政府和地方政府的分权关系。在多级政府框架下，中央政府赋予地方政府一定的财权和事权，通过设定地方政府竞争模式或调配公共池资源，对地方政府支出规模产生影响。与以往文献主要致力于考察财政分权是否对政府规模膨胀有重要影响不同，本书通过强调中国公共财政支出的特殊性，如转移支付、地方公共品供给和支出结构，对"利维坦假说"在中国失效的原因进行探究，为控制中国政府规模膨胀提供有益思考。

在构建模型的基础上，本书以省级面板数据为基础进行实证分析。本书事权和财权指标借鉴了张光（2011）等对财政分权指标测度的框架，在解释财政分权对政府规模影响这一问题上从横向纵向双重层面上考虑了分权程度。在研究二者的线性关系时，不仅估算静态模型，如时间固定、地区固定和双固定效应，而且估算动态模型，即为了更好地校正内生性问题，利用两步 DIF_ GMM 和两步 SYS_ GMM 进行回归检验。在研究支出端分权与地方政府规模的非线性关系时，采用面板门槛模型，为深入认识中国"利维坦假说"的特殊效应提供了一个新视角。

因此，本书对比其他文献，具有以下特点：第一，从理论层面给出中国式分权对政府规模影响的特殊性，从转移支付依赖度、地方性公共品供给能力以及公共支出结构等影响路径研究财政分权对政府规模膨胀的冲击；第二，在测度财政分权指标时，从横向纵向双重层面考虑了分权程度；第三，研究发现，财政分权与政府规模的关系并非单一线性关系，若考虑到前述三种因素（转移支付依赖度、地方性公共品供给能力以及公共支出结构），财政支出端分权与地方政府规模呈现阈值效应。从跨国和针对国内样本的研究来看，重新构建具有说服力的财政分权指标，在此基础上作出稳健性对比分析，并探讨"利维坦假说"在中国失效的背后机理，这是研究财政分权与政府规模关系的一次重大进步。

本章的结构安排如下：第二节构建了一个内生增长模型研究财政分权与政府规模之间的机制，并讨论平衡增长路径下的动态优化均衡；第三节是对数据和变量的解释；第四节利用省级面板数据对中国财政分权程度与政府规模的线性关系进行了静态和动态面板模型估算；第五节利用面板门槛模型对支出端分权与地方政府规模的非线性关系给出了经验论证，并探究"利维坦假说"在中国失效的背后机理；第六节是结论。

第二节　包含中央和地方公共品供给的内生增长模型

一　效用函数

我们假定整个经济主体由政府和代理人组成，代理人的生命期无限且追求效用最大化，其形式如下：

$$\int_0^\infty e^{-\rho t} \frac{C_t^{1-\sigma} - 1}{1 - \sigma} dt, \quad \rho \in (0,1), \sigma > 0 \qquad (3-1)$$

其中，C_t 是在时间 t 的消费，σ 是消费者的跨期替代弹性倒数，ρ 是时间偏好率。在每个时间节点，代理人被赋予 1 单位的劳动时间供其任意分配生产商品和闲暇。

二　生产环境

私人品和公共品的生产由下述生产函数表达：

$$y = A k_{pt}^\alpha k_{ct}^\beta k_{st}^\gamma (uh)^{1-\alpha-\beta-\gamma}, \quad \alpha, \beta, \gamma \in (0,1) \qquad (3-2)$$

其中，A 代表全社会的生产技术水平，是恒定的。k_{pt}、k_{ct}、k_{st} 分别表示私人部门、中央政府和地方政府为社会总产品所支付的生产性支出。α、β 和 γ 分别表示这三个部门生产最终产品的资本投入系数。uh 为有效劳动投入，并取决于人力资本投入 h 和有效劳动时间 u。$k_{st}/k_{ct} = \eta$ 是地方公共生产性支出与中央公共生产性支出的比例，由此，$\eta_1 = \eta/1+\eta$ 衡量支出端分权。

在一般均衡的公共品供给下，有效生产水平的必要条件是满足公共品和私人品的边际转化率等于二者的边际替代率，这是适合于私人品和公共品的。为了突出中央和地方财政投入对最终产品的作用，并简化代数，中央和地方政府的公共品提供如下：

$$g_c = Ck_{ct}^{\beta}(uh_c)^{1-\beta}, \quad \beta \in (0,1) \tag{3-3}$$

$$g_s = Bk_{ct}^{\beta}k_{st}^{\gamma}(uh_s)^{1-\beta-\gamma}, \quad \beta,\gamma \in (0,1) \tag{3-4}$$

公共服务作为一个重要投入因素也参与了社会总产品的生产，从而使政府和私人部门建立了实质性的联系。式（3-2）至式（3-4）揭示了一个规模报酬不变的生产性投入，中央和地方公共部门的产出由相同的资本投入指数确定。

三 预算约束

随着私人资本投入的折旧，私人资本积累为：

$$k_{p,t+1} = I + (1-\delta_p)k_{pt}, \quad \delta_p \in (0,1) \tag{3-5}$$

根据 Wöhrmann（1999）的研究，有效人力资本投入技术环境为：

$$\dot{h} = \delta_0 (1-u)(h_c h_s)^{\delta_1} h^{1-\delta_1} \tag{3-6}$$

地方辖区内居民可享受到地方供给的地方性公共品和中央供给的全国性公共品：

$$G = g_s + \lambda g_c, \quad \lambda \in (0,1) \tag{3-7}$$

当 λ 无限趋近于1，说明当地居民同时享受全国性公共品和地方性公共品，当它无限趋近于0，说明当地居民只能享受地方管辖区域内的地方性公共品。由此，该指标 λ 为地方公共部门和中央政府之间的信息不对称，用以衡量对地方居民公共品需求异质性偏好的信息差异。

经济代理人预算约束如下：

$$(1 - \tau_c - \tau_s)y - C_t - g_s - \lambda g_c - k_{p,t+1} + (1 - \delta_p)k_{pt} = 0, \quad \delta_p \in (0,1) \qquad (3-8)$$

τ_c、τ_s 表示中央税和地方税。地方消费最大化问题包含地方性和全国性公共品消费，其中，中央财政支出是为纯公共品提供所必要的支出，即提供给所有居民的公共品不考虑司法管辖权的限制，而地方财政支出仅仅是为地方性公共品提供所必要的开支。因此，在研究地方公共品投入时需要将当地政府预算约束考虑在内。地方公共部门以固定收入、转移支出以及由于经济增长所带来的额外收入来供应地方政府消费 g_{cos} 和地方生产性支出 k_{st}：

$$g_{cos} + k_s = \tau_s y + Tr + \eta_2 ey, \quad \eta_2, e \in (0,1) \qquad (3-9)$$

其中，$\eta_2 = \tau_s / (\tau_c + \tau_s)$ 表示财权分权，g_{cos} 是当地政府消费，Tr 代表中央政府对地方政府的转移支付，其依赖于地方政府的开支，或者可以说，中央政府在对地方政府的开支和收入做出综合评估的基础上制定其转移支付额度。为简化模型，该表达式为：

$$Tr = \xi g_s, \quad \xi \in (0,1) \qquad (3-10)$$

如果我们设置了公共支出的结构参数 $\phi = k_s/g_{cos}$，则地方政府支出预算约束是：

$$k_s(1 + 1/\phi) - \xi g_s - (\tau_s + \eta_2 e)y = 0, \quad \xi, \eta_2, e \in (0,1) \qquad (3-11)$$

四　竞争性均衡及其均衡路径

命题 3 - 1　经济竞争性均衡由一组资源分配向量 $\omega_1 = \{C_t, I, k_{pt}, k_{ct}, k_{st}, u, h\}_0^\infty$ 和财政政策向量 $\omega_2 = \{\tau_c, \tau_s, \phi, \xi, \eta_1, \eta_2\}_0^\infty$ 构成，并满足式（3 - 2）、式（3 - 3）、式（3 - 4）、式（3 - 8）和式（3 - 11），使得经济代理人通过选择劳动分配实现效用最大化，如式（3 - 1）。

其一阶条件如下：

$$C_t: \quad C_t^{-\sigma} = \lambda_{pt} \qquad (3-12)$$

$$k_{pt}: \dot{\lambda}_{pt} = \rho\,\lambda_{pt} - \left[(1 - \tau_c - \tau_s)\frac{\alpha y}{k_{pt}} + (1 - \delta_p)k_{pt} \right]\lambda_{pt} \tag{3-13}$$

$$k_{ct}: \dot{\lambda}_{ct} = \rho\,\lambda_{ct} - \left[(1 - \tau_c - \tau_s)\frac{\beta y}{k_{ct}} - \frac{\beta g_s}{k_{ct}} - \frac{\lambda \beta g_c}{k_{ct}} \right]\lambda_{pt} - \eta\,\lambda_{ct} \tag{3-14}$$

$$k_{st}: \dot{\lambda}_{st} = \rho\,\lambda_{st} - \left[(1 - \tau_c - \tau_s)\frac{\gamma y}{k_{st}} - \frac{\gamma g_s}{k_{st}} \right]\lambda_{pt} -$$
$$\left[(1 + \phi)(1 - \xi) - (\tau_s + \eta_2 e)\frac{\gamma y}{k_{st}} \right]\lambda_{st} \tag{3-15}$$

$$u: \left[(1 - \tau_c - \tau_s)\frac{(1 - \alpha - \beta - \gamma)y}{u} - \frac{(1 - \beta - \gamma)g_s}{u} - \right.$$
$$\left. \frac{\lambda(1 - \beta)g_c}{u} \right]\lambda_{pt} = \left[\delta_0 (h_c h_s)^{\delta_1} h^{1 - \delta_1} \right]\lambda_u \tag{3-16}$$

$$h: \left[(1 - \tau_c - \tau_s)\frac{(1 - \alpha - \beta - \gamma)y}{h} \right]\lambda_{pt} = \left[\delta_0 (1 - u)(1 - \delta_1)(h_c h_s)^{\delta_1} h^{-\delta_1} \right]\lambda_u$$
$$\tag{3-17}$$

其横截性条件如下：

$$\lim_{t\to\infty} \left[e^{-\rho t} \lambda_{pt} k_p(t) k_c(t) k_s(t) \right] = 0$$
$$\lim_{t\to\infty} \left[e^{-\rho t} \lambda_{ct} k_p(t) k_c(t) k_s(t) \right] = 0$$
$$\lim_{t\to\infty} \left[e^{-\rho t} \lambda_{st} k_p(t) k_c(t) k_s(t) \right] = 0$$

其中，λ_{pt}、λ_{ct}、λ_{st}、λ_u 是影子价格，分别代表私人资本支出、中央和地方政府生产性支出以及有效人力资本支出的效用值。式（3-12）说明消费的边际收益等于边际成本。式（3-13）至式（3-15）说明私人资本投入、中央公共生产性资本投入和地方公共生产性资本投入的时间演变，即每增加1个单位的私人资本投入、中央公共生产性资本投入和地方公共生产性资本投入所得到的边际收益。式（3-16）和式（3-17）表示人力资本及其有效投入。

通过一阶条件的计算，在给定初始条件 $k(0) = k_0$，$h(0) = h_0$，竞争性均衡 $\{C_t,\ k_{pt},\ k_{ct},\ k_{st},\ h,\ \phi,\ \xi,\ \eta_1,\ \eta_2\}_0^\infty$ 以及 $C(t)$、$k_{pt}(t)$、$k_{ct}(t)$、$k_{st}(t)$ 和 $h(t)$ 存在固定增长率的条件下，社会总产出、私人消费、中央政府支出、地方政府支出以及人力资本有效投入的最优产出为：

$$y^* = \left[\frac{(1 - \tau_c - \tau_s)\alpha\phi A k_{ct}^{\beta} k_{st}^{\gamma}}{\rho\delta_1 + \sigma x}\right]^{\frac{\alpha}{1-\alpha}} \left[\frac{\varphi - (1 - \rho x^{-1})}{\varphi}\right]^{\frac{1-\alpha-\beta-\gamma}{1-\alpha}} \quad (3-18)$$

$$C_t^* = \left[\frac{(\delta_1 + \alpha)\rho + (\sigma - \alpha)\delta_0(\bar{h}_{c,s})^{\delta_1}}{\alpha\varphi} - \frac{\tilde{\tau}_c + \tilde{\tau}_s}{\bar{k}_{pt}}\right]$$

$$\left[\frac{(1 - \tau_c - \tau_s)\alpha\phi A k_c^{\beta} k_{st}^{\gamma}}{\rho\delta_1 + \sigma x}\right]^{\frac{\alpha}{1-\alpha}} \left[\frac{\varphi - (1 - \rho x^{-1})}{\varphi}\right]^{\frac{1-\alpha-\beta-\gamma}{1-\alpha}} \quad (3-19)$$

$$g_c^* = \frac{(1 - \tau_c)(\gamma + \beta)\eta}{\lambda\beta\left[(1 + \phi)(1 - \xi) - (\tau_s + \eta_2 e)\frac{r y^*}{k_{st}}\right]}$$

$$\left[\frac{(1 - \tau_c - \tau_s)\alpha A k_{ct}^{\beta+\gamma}\eta^{\gamma}}{\rho\delta_1 + \sigma x}\right]^{\frac{\alpha}{1-\alpha}} \left[\frac{\varphi - (1 - \rho x^{-1})}{\varphi}\right]^{\frac{1-\alpha-\beta-\gamma}{1-\alpha}} \quad (3-20)$$

$$g_s^* = \left[(1 - \tau_c - \tau_s) - \frac{\lambda\beta\tau_c\left[(1 + \phi)(1 - \xi) - (\tau_s + \eta_2 e)\frac{\gamma y^*}{k_{st}}\right]}{(\gamma + \beta)\eta}\right]$$

$$\left[\frac{(1 - \tau_c - \tau_s)\alpha A k_{ct}^{\beta+\gamma}\eta^{\gamma}}{\rho\delta_1 + \sigma x}\right]^{\frac{\alpha}{1-\alpha}} \left[\frac{\varphi - (1 - \rho x^{-1})}{\varphi}\right]^{\frac{1-\alpha-\beta-\gamma}{1-\alpha}} \quad (3-21)$$

$$u^* = \left[\frac{\varphi - (1 - p x^{-1})}{\varphi}\right] \quad (3-22)$$

其中，$\varphi = \delta_1 + \sigma$，$x = \delta_0(\bar{h}_{c,s})^{\delta_1}$。

五　政府规模与财政分权

（一）中央政府层面

推断 3 - 1　支出端分权对中央公共部门的规模水平有负影响：

$$\frac{\partial(g_c^*/y^*)}{\partial\eta_1} = \left[\frac{(1 - \tau_c)(\gamma + \beta)\eta}{\lambda\beta}\right]$$

$$\frac{(1 + \varphi)(1 - \xi)(\tau_s + \eta_2 e)\gamma\left[-y^* - D_m(\gamma\alpha/1 - \alpha)\eta^{\frac{\gamma\alpha}{1-\alpha}}\right]}{(1 - \eta_1)^2 k_{st}\left[(1 + \phi)(1 - \xi) - (\tau_s + \eta_2 e)\frac{\gamma y^*}{k_{st}}\right]^2} < 0 \quad (3-23)$$

其中，$D_m = \left[\frac{(1 - \tau_c - \tau_s)\alpha\phi A k_{ct}^{\beta+\gamma}}{\rho\delta_1 + \sigma x}\right]^{\frac{\alpha}{1-\alpha}} \left[\frac{\varphi - (1 - \rho x^{-1})}{\varphi}\right]^{\frac{1-\alpha-\beta-\gamma}{1-\alpha}}$

收入端分权对中央政府规模有正影响：

$$\frac{\partial\left(g_c^*/y^*\right)}{\partial\eta_2} = \frac{(-1)\left[\left(1-\tau_c\right)\left(\gamma+\beta\right)\eta\right]\left[-e\frac{\gamma}{k_{st}}y^*\lambda\beta\right]}{\lambda\beta\left[\left(1+\phi\right)\left(1-\xi\right)-\left(\tau_s+\eta_2 e\right)\frac{\gamma y^*}{k_{st}}\right]^2} > 0$$

$$(3-24)$$

从式（3-23）可以看出，支出端分权深化对中央政府规模的负效应体现了地方公共品供给的信息优势，事权下放，一方面能提高地方财政支出自主权利，另一方面可减少中央公共部门对地方管理的成本。二者的共同作用使地方政府在满足其辖区居民对公共品异质偏好需求上具有明显优势，其低成本、高效率的反应使得中央政府对地方性公共品的提供显得力不从心，从而中央政府削减了一部分开支，中央政府规模扩张得以控制。事权分权的程度越高，对中央政府规模的负效应越明显。式（3-24）的正相关结果，与基于税收分权理论和劳动力自由流动的"用脚投票"机制的"利维坦假说"观点并不一致。主要原因在于，中央政府对公共资源拥有绝对的控制权，这种信息不对称使得经济代理人并不完全知道其实际税负，信息不对称有可能使得经济代理人低估公共品价格引致高需求，并最终产生较高的公共支出水平。此外，提供全国性的公共品让某些利益集团有租可寻，这也是政府规模扩大的重要因素。

（二）地方政府层面

推断3-2　由地方政府规模和支出端分权的关系可以推导出：

$$\frac{\partial\left(g_c^*/y^*\right)}{\partial\eta_1} = \frac{(1+\phi)(1-\xi)}{\eta_1^2(\gamma+\beta)} + \frac{\eta^{\frac{m}{1-\alpha}}D_m(\tau_s+\eta_2 e)\frac{\gamma}{k_{st}}\left[\tau_c\frac{\gamma\alpha\lambda\beta}{1-\alpha}-1\right]}{(1-\eta_1)^2\eta_1^2(\gamma+\beta)}$$

$$(3-25)$$

若 $\tau_c\dfrac{\gamma\alpha\lambda\beta}{1-\alpha} > 1$，则 $\dfrac{\partial\left(g_s^*/y^*\right)}{\partial\eta_1} > 0$，对于所有 $\eta_{1,m}\in\left(\eta_{1,0},\eta_{1,t}\right)$；

若 $\tau_c\dfrac{\gamma\alpha\lambda\beta}{1-\alpha} < 1$，则存在一个阈值 $\bar{\eta}_{1,m}\in\left(\eta_{1,0},\eta_{1,t}\right)$，当 $\eta_{1,m}\in$

$(\eta_{1,0}, \bar{\eta}_{1,m})$ 时，有 $\frac{\partial (g_s^*/y^*)}{\partial \eta_1} < 0$；当 $\eta_{1,m} \in (\bar{\eta}_{1,m}, \eta_{1,t})$ 时，有 $\frac{\partial (g_s^*/y^*)}{\partial \eta_1} > 0$。

收入端分权不利于地方政府规模扩张：

$$\frac{\partial (g_s^*/y^*)}{\partial \eta_2} = \frac{\lambda \beta \tau_c e \gamma y^*}{(\gamma + \beta) k_{st} \eta} \qquad (3-26)$$

由式（3-25）得出，事权下放和地方政府规模存在阈值效应。阈值效应表明，供给成本在分权的初始阶段较少，如良性税务竞争和局部信息优势等，因此初期分权有利于控制地方政府规模扩张。然而随着支出端分权的扩大，地方公共部门规模转为扩张，日益增长的公共需求，敦促当地政府筹集资金以供给公共开支甚至超越预算约束。在这一路径中，地方政府支出结构 ϕ、中央对地方公共品供给程度 λ 和转移支付系数 ξ 的冲击作用是明显的。式（3-26）呈现的负相关关系，说明财权下放有助于控制地方政府规模扩张。在分权改革中，地方政府获得更多自主权和相应的公共品供给责任。事权的深化给地方政府在公共品供给上带来更多的责任，而财权下放使得这一责任有了相应的收入保障，加之地方信息优势，有利于地方政府合理控制其公共经济资源，介入经济的程度也会不断减少。

综上所述，分权的收入端和支出端对中央、地方政府规模产生了完全不同的影响，这使得政府规模的增长变得十分复杂，其综合效益取决于财政支出结构（生产性支出和非生产性支出）、地方性公共品供给能力和对公共池资源的利用程度，如转移支付。

第三节 模型、变量与数据说明

一 模型设定和参数说明

为了检验财政分权的收入端和支出端对中央政府规模和地方政

府规模的动态影响，本书选取 1994—2015 年 29 个省份的面板数据①，构建滞后一期的动态面板模型如下：

$$gs_{j,it} = \alpha_0 gs_{j,it-1} + \sum_m \alpha_m (revde_{m,it} + expde_{m,it}) + \sum_n \beta_n D_{n,it} + \rho_i + \nu_t + \varepsilon_{it} \qquad (3-27)$$

其中，下标 i、t 分别代表省份和时间。α_m、β_n 为待估参数，ρ_i 为个体效应，即某个省份不随年份变化的地区固定效应，ν_t 为时间效应，即某个年份不随省份变化的时间固定效应，ε_{it} 是随机误差项。$gs_{j,it}$ 是被解释变量，即中央政府和地方政府规模，实证结果将分别列示；$revde_{m,it}$、$expde_{m,it}$ 是核心解释变量，即财政分权的收入端和支出端；$D_{n,it}$ 为一系列控制变量。

二　指标选取和变量定义

（一）被解释变量

政府支出目的存在多样性，因此对政府规模的度量不可能也不应该有唯一的度量指标，具体来说指标选取应取决于特定研究目的（顾昕、白晨，2014）。在国际比较研究中，最为常见的度量政府规模的指标是政府税收收入或政府预算支出占 GDP 的比重。国内研究学者将指标特定化，用于分析具体问题，如利用预算内指标真实反映政府在预算范围内行使政府职能的能力（范子英，2010）；利用预算外指标考察政府非预期的扩张路径（王文剑，2010）；利用政府消费支出指标着重探讨支出项目对政府扩张的影响（杨子晖，2011）。本书目的是研究财政分权对政府在预算范围内行使政府职能的影响，因此采用预算内指标度量方法。人均国

---

① 我们以分税制改革时间为节点，由于跨度时间较长，并考虑到西藏在公共品供给方面存在数据上的部分不可获得性和数据分析中的明显异常性，故在实证检验中进行剔除；重庆是 1997 年设立的直辖市，样本跨度上并未完全覆盖，故也剔除，同时剔除港澳台地区。因此，样本为时间跨度为 1994—2015 年的 29 个省级面板数据。

内生产总值是政府干预与市场化运行的部分反映，在衡量政府规模时控制该指标有助于规避规模经济的影响。因此，本章使用政府规模的人均化指标。

（二）核心解释变量

本书有两个核心解释变量，分别是支出端分权和收入端分权。跨国研究最常见的分权指标是次一级财政收支占全国收支的比重（Baskaran，2009），而既存的中国财政分权的大样本经验，大多以各地区财政收支占全国或中央财政收支及其人均化的比重来衡量财政分权的收支两个方面（傅勇，2010；张晏、龚六堂，2005；Zhang & Zou，1998），但这一指标仅考虑了地方政府横向的财政关系，缺乏对地方政府与其上级政府的财政关系的观察，因此张光（2011）提出使用转移支付依赖度作为测量地方政府与上级政府财政关系的代理变量，这与陈硕（2010）对财政分权指标（各省财政净收入占各省财政总支出的比重）的考察逻辑一致。本章时间跨度为1994—2015年，考虑到数据可获得性，将这两类指标加权分析，并作人均化处理。这样的好处在于，既考虑了地区之间的财政分权程度，也考虑了垂直政府之间的财政分权程度，并兼顾了对财政分权收入端和支出端两方面的衡量，符合本章从收入端和支出端的不同方面对政府规模变动趋势的考察。

（三）工具变量

根据式（3-17）至式（3-20）的理论分析结果，不难看出，有三个内生变量通过作用于收支端分权而影响政府规模，分别是：①转移支付依赖度 $\xi = Tr/g_s$，我们采用庄玉乙和张光（2012）的测度指标，即由各省的财政预算支出减预算收入的差额除以预算支出得到；②中央对地方性公共品的供给能力 $\lambda = (G - g_s)/g_c$，即全国性预算支出与地方预算支出的差额除以中央预算支出；③公共支出结构 $\phi = k_s/g_{cos}$，有关政府生产性支出的划分并没有明确的标准，财政学界也无统一意见（饶晓辉、刘方，2014）。Easterly、Rebelo（1993）认为，生产性支出主要在基础建设方面，如交通支出等。傅勇（2010）认为交通、能源、通信等应纳入生产性公共品的范畴，而科教文卫、社会保障等应纳入非生产性公共品的范畴，其依据是该公共品是否进入当期生产函数。范庆泉等（2015）认为教育、医疗等应纳入公共福利支出范畴。因此，本书借鉴上述学者的做法且综合考虑数据的可获得性，将基本建设支出、农林水事务支出、交通运输支出、资源勘探电力信息事务支出以及商业事务支出五项纳入生产性支出；将教育支出、科技支出、文体传媒支出、社保支出以及医疗支出五项纳入非生产性支出。

（四）控制变量

①从外部来看，经济开放程度是影响政府规模的重要因素（Ram，2009；Cabral & Mollick，2012；Epifani & Gancia，2009）。本书使用 Jin、Zou（2002）的外贸比重测量方式，采用进出口总额占GDP 的比重来衡量。由于所选取的是省级面板数据，于是在进出口总额指标上使用经营单位所在地区的人均进出口总额来衡量。②从内部来看，举债也是政府规模扩张的重要方面（Baskaran，2009），在数据上为了减少自相关和控制多重共线性，我们采用各省级政府国债的人均还本付息支出增长率来控制地方债务对政府规模扩张的影响。③就政府基本职能而言，需要受政府庇护的人口比例提高也是造成政府规模扩张的直接原因（吴木銮、林谧，2010），特别考察预算内政府规模的增长路径，因此本书分别选取了赡养率、文盲率和医疗覆盖率，以期控制预算内政府扩张的规模效应。

三 数据说明和描述性统计

考虑到稳健性和部分数据的可获得性，本书剔除了西藏、重庆及港澳台地区的截面数据，共采用1994—2015 年的省级平衡面板数据对财政分权的中央政府和地方政府规模扩张效应进行检验。数据均来自《中国统计年鉴》（1995—2016），《中国财政年鉴》（1995—2016）、《中国贸易外经统计年鉴》（1995—2016）、各地方统计年鉴（1995—2016）以及笔者整理。表 3 - 1 是对各个变量指标的定义以

表3-1　变量与面板数据的描述性统计

变量性质	变量	符号	计算方法	个数	均值	最小值	最大值
被解释变量	中央政府规模	$Gous\_c$	$\dfrac{\text{中央政府人均一般预算支出}}{\text{全国人均GDP}}\times100\%$	22	4.230	3.022	5.627
	地方政府规模	$Gous\_l$	$\dfrac{\text{地方政府}i\text{的人均一般预算支出}}{\text{全国政府}i\text{的人均地区GDP}}\times100\%$	638	16.691	2.126	62.686
解释变量	支出端分权	$Expd$	$\dfrac{\text{地方政府}i\text{人均一般预算支出}}{\text{全国性人均一般预算支出}}\times\dfrac{\text{地区}i\text{财政净收入}}{\text{地区}i\text{财政总支出}}\times100\%$	638	1.633	0.102	7.082
	收入端分权	$Revd$	$\dfrac{\text{地方政府}i\text{人均一般预算收入}}{\text{全国性人均一般预算收入}}\times\dfrac{\text{地区}i\text{财政净收入}}{\text{地区}i\text{财政总支出}}\times100\%$	638	2.498	0.039	7.702
工具变量	转移支付依赖度	$Trsf$	$\dfrac{\text{地方政府}i\text{人均一般预算支出}-\text{地方政府}i\text{人均一般预算收入}}{\text{地方政府}i\text{人均一般预算支出}}\times100\%$	638	45.439	-12.007	85.173
	地方性公共品供给能力	$Locp$	$\dfrac{\text{全国人均一般预算支出}-\text{地方政府}i\text{人均一般预算支出}}{\text{中央人均一般预算支出}}\times100\%$	638	4.357	2.682	6.841
控制变量	公共支出结构	$Exps$	$\dfrac{\text{地方政府}i\text{人均生产性支出}}{\text{地区}i\text{人均非生产性支出（消费性支出）}}\times100\%$	638	1.102	0.088	2.585
	地区经济开放程度	$Open$	$\dfrac{\text{经营单位所在地区}i\text{的人均进出口总额}}{\text{地区}i\text{人均GDP}}$	638	5.926	0.021	38.149
	地方政府债务增长率	$Locd$	$\dfrac{\text{本年地方政府国债的人均还本付息支出}-\text{上年人均值}}{\text{上年人均值}}\times100\%$	638	12.755	0.001	152.31
	赡养率	Dep	$\dfrac{0-14\text{岁人口}+65\text{岁以上人口}}{\text{地区总人口}}\times100\%$	638	9.737	1.463	28.574
	文盲率	Ill	$\dfrac{\text{地区}i15\text{岁以上文盲人口}}{\text{地区}i15\text{岁以上总人口}}\times100\%$	638	26.914	15.215	38.697
	医疗覆盖率	Hos	$\dfrac{\text{医疗卫生机构床位数}}{\text{地区人口数（万人）}}\times100\%$	638	13.466	0.954	51.942

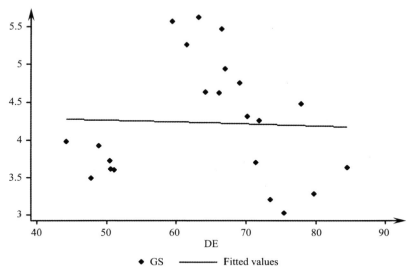

（a）支出端分权与中央政府规模

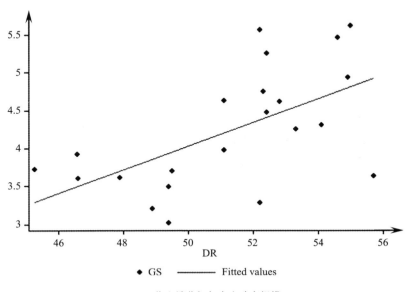

（b）收入端分权与中央政府规模

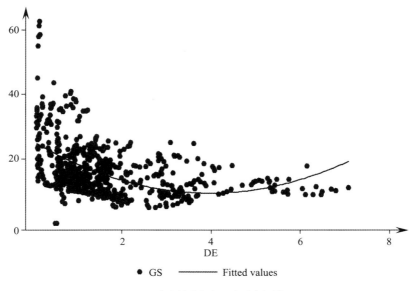

（c）支出端分权与地方政府规模

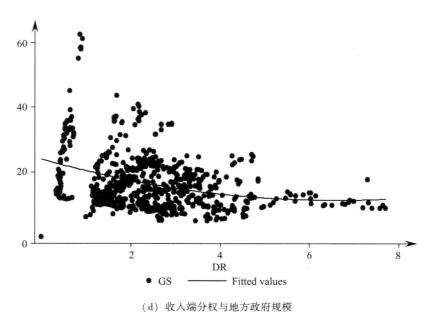

（d）收入端分权与地方政府规模

图 3 - 1   财政收支端分权与政府规模的关系散点图

注：Fitted values 是拟合值，DE 表示支出端分权，DR 表示收入端分权，GS 表示政府规模，其中，（a）和（b）的纵轴表示中央政府规模，（c）和（d）的纵轴表示地方政府规模。

及描述性统计。

从财政收支端分权与中央政府收支规模的散点图［见图 3 – 1（a）和（b）］，本书发现：支出端分权程度越大，则中央政府规模越小，反之，收入端分权程度越大，中央政府规模越大。在统计意义上验证了一定程度的支出端权力下放，有利于中央政府控制规模；但随着财权不断下放，中央政府的规模并不能得到有效控制，这在很大程度上是由于供给全国性公共品是中央政府的主要职能并且只能由中央政府供给，因此惯性的管理运行可能会迫使其选择其他融资渠道，如债券。从财政收支端分权与地方政府规模的散点图［见图 3 – 1（c）和（d）］，本书还发现：收入端权力下放能够有效控制地方政府规模，这与利维坦假说在逻辑上是一致的。地方政府规模与事权存在非线性的相关关系。在政府规模较小时，二者是负相关，而当政府规模较大时，二者则表现出正相关。这一非线性关系将在本章的第五节重点阐述。

第四节　实证结果与分析

本书首先使用面板数据混合最小二乘估计法（OLS）进行基准回归，但由于居民偏好等地区异质性因素以及一些共同冲击的影响，可能导致 OLS 估计是有偏和非一致的。因此，针对本书的短面板（大 N 小 T）数据结构，利用静态面板进行估计，对比分析固定效应和随机效应回归结果。由于静态面板估计可能产生遗漏变量和估计偏误的问题，本书还考虑构建动态面板数据模型，使用转移支付依赖度、地方性公共品供给能力、公共支出结构作为工具变量，进行广义差分矩估计（GMM），并采用系统广义矩估计（SYS_ GMM）进行稳健性检验。

一　全域性估计结果及分析

在估计方法和稳健性检验上，本书使用面板数据进行分析，Hausman 检验结果 P 值为 0.0000，强烈拒绝原假设，说明我们所选用的固定效应模型而非随机效应模型是正确的。从时间—地区双向固定效应模型估计 F 检验的 P 值为 0.0000 可以看出，使用双向固定效应模型更优化。我们进行了以地区为聚类的 CLUSTER 校正。我们利用 CLUSTER 技术控制了地方政府之间的相互影响，从而在很大程度上控制了财政竞争对回归结果的影响，特别是地方政府竞争行为外溢，即地方政府之间可能存在显著的相关影响而导致结果偏误，从而保证稳健结果。静态面板模型结果在表 3-2 中进行了报告，变量间不存在严重的共线性问题①。相比于一步估计，两步估计更为稳健。为了准确处理估计偏误和内生性问题，表 3-2 的模型 8 和模型 9 给出了两步 DIF_ GMM 和两步 SYS_ GMM 的估算结果作为稳健性检验，Arellano-Bond 检验结果表明残差项不存在自相关，过度识别检验表明工具变量选取是合适的。

从模型估计结果来看，①中央政府规模与支出端分权呈负相关，且二者的负相关关系至少在 5% 的水平下显著，说明中央政府向地方政府转移事权，能够显著控制中央政府规模扩张。这一方面是由于事权下放部分减轻了中央公共支出压力，另一方面考虑到中央政府作为全国性公共品和服务的供给者，其特定的供给任务，如国防安全等，意味着事权下放并不能极大地收缩中央政府规模，体现在实证方面则为影响系数较小（-0.061，如表 3-2 所示）。②中央政府规模与收入端分权呈显著正相关，说明需求效应扩大了中央政府规

---

① 我们根据 stata12. 0 计算出的 VIF 均值为 3. 996，远小于 10，故不必担心存在多重共线性问题（陈强，2013）。多重共线性的主要后果是使得对单个变量的贡献估计不准，但所有变量的整体效益仍可以较准确地估计。我们进行回归结果的重点在于解释变量对被解释变量方向上的影响差异，其回归证明使用 CLUSTER 校正后的稳健标准误多在 1% 的水平下显著。

表3-2　财政分权与中央、地方政府规模：全国层面回归结果

变量	$Gons\_c$		$Gons\_l$						
	OLS1 模型1	GMM 模型2	OLS2 模型3	RE_FGLS 模型4	FE_robust 模型5	BE 模型6	FE_TW 模型7	DIF_GMM 模型8	SYS_GMM 模型9
$Gons_{t-1}$			1.022*** (0.012)	1.022*** (0.012)	0.868*** (0.024)	1.070*** (0.015)	0.821*** (0.028)	0.864*** (0.091)	0.997*** (0.019)
$Expd$	-0.024*** (0.007)	-0.061** (0.026)							
$Rend$	0.120*** (0.040)	0.241*** (0.069)	-3.693*** (0.759)	-2.174*** (0.840)	-2.938** (1.381)	-1.564 (2.192)	-2.493** (1.162)	-2.044* (3.315)	-1.411*** (0.344)
$Open$	0.108 (0.072)	0.296** (0.149)	0.147 (0.098)	0.120 (0.124)	0.162 (0.097)	0.054 (0.274)	0.027 (0.137)	0.068 (0.158)	0.149*** (0.039)
$Locd$	0.102*** (0.022)	0.042 (0.042)	0.192*** (0.024)	0.036 (0.031)	0.029 (0.021)	0.238** (0.103)	0.021 (0.014)	0.024* (0.011)	0.010 (0.007)
Dep	0.158*** (0.027)	0.190*** (0.034)	-0.009 (0.134)	-0.073 (0.069)	-0.105* (0.054)	-0.204 (0.368)	-0.028 (0.115)	-0.127* (0.077)	-0.038 (0.028)
Ill	0.179*** (0.048)	0.260*** (0.079)	0.422*** (0.121)	-1.009*** (0.139)	-1.058*** (0.203)	1.022*** (0.313)	-0.587** (0.236)	-0.295* (0.147)	0.689** (0.034)
Hos	0.046 (0.031)	0.076* (0.041)	-0.198*** (0.073)	0.059 (0.088)	-0.008 (0.087)	-0.483 (0.214)	-0.355** (0.139)	0.081 (0.087)	0.822*** (0.027)

续表

变量	Gows_c			Gows_l					
	OLS1	GMM	OLS2	RE_FGLS	FE_robust	BE	FE_TW	DIF_GMM	SYS_GMM
	模型1	模型2	模型3	模型4	模型5	模型6	模型7	模型8	模型9
cons	-12.485*** (2.307)	-16.847*** (2.829)	24.174*** (3.295)	32.969*** (5.158)	24.883*** (3.429)	15.674* (9.061)	22.865*** (3.629)	5.103 (4.834)	-0.408 (0.739)
地区固定	—	—	—	否	是	否	是	—	—
时间固定	—	—	—	否	否	是	是	—	—
N	22	22	29	29	29	29	29	29	29
Obs	638	638	638	638	638	638	638	638	638
R^2	0.950	0.902	0.97	0.884	0.888	0.882	0.931		
F (p)	0.000	0.000	0.000		0.000		0.000		
Wald test				0.000					
Hausmen test					0.000		0.000		
Arellano-Bond AR (1)								0.004	0.001
Arellano-Bond AR (2)								0.880	0.743
Sargan								0.677	0.899

注：***表示在1%水平下显著，**表示在5%水平下显著，*表示在10%水平下显著；括号内是标准误，其中固定效应和随机效应的静态面板数据估计，如OLS、RE_FGLS、FE_robust、FE_TW使用以地区为聚类的CLUSTER校正后的稳健标准误；R^2为调整后的拟合优度；数据由STATA12.0给出。OLS是普通最小二乘估计，RE_FGLS是随机效应估计，FE_robust是基于稳健标准误的地区固定模型估计，BE是基于稳健标准误的时间固定模型估计，FE_TW是基于稳健标准误的时空双固定模型估计，DIF_GMM是差分广义矩估计，SYS_GMM是系统广义矩估计。

模,即使一定程度的权力下放也不能完全控制中央政府规模。在养老、教育、医疗等保障民生的刚性公共支出上,这一趋势尤为明显。③地方政府规模和收入端分权之间呈显著负相关,表明收入端分权的深化有效控制了地方政府规模的扩大,这与地方政府的良性竞争机制和公共品提供的信息优势相关。④地方政府与支出端分权的关系并不在整个回归样本中,我们将在下文做详细阐述。⑤在地方样本面板中,地区开放程度对地方政府规模的影响是正向的,说明地区开放程度越高,地方政府规模越大,为了抵御外部风险,地方政府必须合理配置经济资源,以增加社会保障和社会福利支出。但地区开放程度的系数并不是都显著,这可能是因为不同的地方政府,其经济开放程度存在差异,因而影响地方政府控制和分配地方公共资源的能力也存在差异,这种差异化的存在正好解释了支出端分权对地方政府规模的非线性关系,也在表3-2分区域的稳健性检验中得到证实。地方国债的偿债率与地方政府规模存在正相关关系,说明地方政府规模膨胀的主要原因之一就是债务负担。值得注意的是,地方政府面板的某些控制变量回归结果与中央政府样本的估计结果并不完全一致,如关系到养老、教育、医疗的刚性民生支出。这说明,地方政府对刚性民生支出上的异质性偏好反应优于中央政府,区域公共支出结构性的优化调整将有利于控制地方政府规模。

二　地域性估计结果及分析

图3-2是剔除了西藏及港澳台地区的30个省份政府规模的时间趋势,从中可以看到地方政府规模呈现明显的地区差异,因此我们分区域进行稳健性检验。

我们参照国家统计局划分标准将各省份细化为东部地区、中部

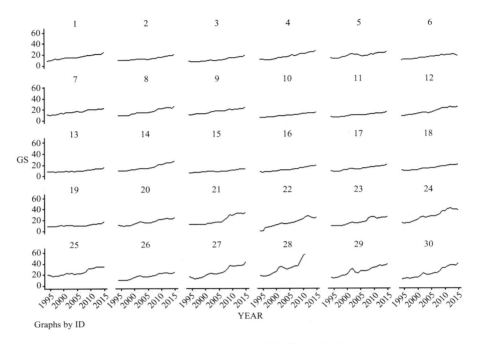

图 3 - 2   30 个省份政府规模的时间趋势

注：YEAR 表示年份；GS 表示政府规模。其中，1. 北京；2. 天津；3. 河北；4. 山西；5. 内蒙古；6. 辽宁；7. 吉林；8. 黑龙江；9. 上海；10. 江苏；11. 浙江；12. 安徽；13. 福建；14. 江西；15. 山东；16. 河南；17. 湖北；18. 湖南；19. 广东；20. 广西；21. 海南；22. 重庆；23. 四川；24. 贵州；25. 云南；26. 陕西；27. 甘肃；28. 青海；29. 宁夏；30. 新疆。

地区和西部地区①，针对不同区域进行分析和稳健性检验。在表 3 - 3 的 SYS_ GMM 估计中，Arellano-Bond 检验结果表明不存在自相关，Sargan 过度识别检验表明工具变量选取以及对滞后一期的设定考察是合适的。区域性结论有：①地方政府规模与财政收入端分权呈现显著的负相关：财权下放将为地方性公共品供给提供财政保障，地方政府更加及时和有效地对辖区居民异质偏好的公共需求做出反应，

———————

①   东部地区包括北京、天津、河北、辽宁、上海、江苏、浙江、福建、山东、广东和海南；中部地区包括山西、吉林、黑龙江、安徽、江西、河南、湖北和湖南；西部地区包括内蒙古、广西、重庆、四川、贵州、云南、西藏、陕西、甘肃、青海、宁夏和新疆。

表 3 - 3　财政分权与地方政府规模：区域层面回归结果

变量	东部地区			中部地区			西部地区		
	OLS 模型 10	FE_TW 模型 11	SYS_GMM 模型 12	OLS 模型 13	FE_TW 模型 14	SYS_GMM 模型 15	OLS 模型 16	FE_TW 模型 17	SYS_GMM 模型 18
$Govs_{t-1}$	1.021*** (0.027)	0.759*** (0.034)	0.987*** (0.031)	0.925*** (0.051)	0.515*** (0.095)	7.564*** (2.813)	1.026*** (0.026)	0.939*** (0.044)	0.767*** (0.041)
$Revd$	-0.087 (0.144)	-2.586** (0.832)	-0.503*** (0.193)	-0.345 (0.469)	-4.540*** (0.603)	-2.259** (20.407)	-0.463 (0.569)	-4.344** (1.717)	-2.944*** (0.891)
$Open$	0.017 (0.017)	0.003 (0.061)	0.045** (0.023)	0.434** (0.194)	0.511** (0.193)	-5.570* (3.213)	0.101 (0.172)	-0.286 (0.214)	-0.327* (0.161)
$Locd$	-0.004 (0.006)	-0.002 (0.005)	-0.005 (0.007)	-0.013* (0.008)	-0.004 (0.007)	-0.033*** (0.006)	-0.008 (0.015)	-0.009 (0.016)	-0.017** (0.008)
Dep	0.117*** (0.043)	-0.069 (0.062)	0.089*** (0.037)	0.099*** (0.037)	-0.048 (0.06)	1.903*** (0.704)	0.052 (0.07)	-0.098 (0.094)	0.237 (0.213)
Ill	-0.052 (0.058)	0.276*** (0.081)	-0.038 (0.045)	-0.069 (0.047)	0.154** (0.065)	13.733** (5.611)	0.041 (0.053)	-0.014 (0.053)	-0.120 (0.184)
Hos	0.004 (0.019)	-0.033 (0.028)	0.043 (0.027)	0.024 (0.036)	-0.118*** (0.029)	0.566* (0.305)	-0.078 (0.065)	0.375** (0.176)	-0.158** (0.059)

续表

变量	东部地区			中部地区			西部地区		
	OLS	FE_TW	SYS_GMM	OLS	FE_TW	SYS_GMM	OLS	FE_TW	SYS_GMM
	模型 10	模型 11	模型 12	模型 13	模型 14	模型 15	模型 16	模型 17	模型 18
$cons$	-2.108* (1.092)	-1.986 (2.43)	-0.882 (1.048)	-0.375 (1.435)	1.130 (3.182)	-379.824** (150.378)	-1.305 (2.388)	10.564** (4.941)	-1.404 (5.367)
地区固定	—	是	—	—	是	—	—	是	—
时间固定	—	是	—	—	是	—	—	是	—
N	11	11	11	8	8	8	10	10	10
Obs	242	242	242	176	176	176	220	220	220
R^2	0.963	0.851		0.938	0.894		0.957	0.803	
Hausman test		13.68			39.88			24.87	
P (hausman)		0.051			0.000			0.001	
Arellano-Bond AR (1)			0.272			0.572			0.075
Arellano-Bond AR (2)			0.368			0.806			0.762
Sargan			1.000			1.000			1.000

注：***表示在1%水平下显著，**表示在5%水平下显著，*表示在10%水平下显著；括号内是使用以地区为聚类的 CLUSTER 校正后的稳健标准误；R^2为调整后的拟合优度；数据由 STATA12.0 给出。

公共品的相对平衡供给较好地限制了地方政府的规模扩张。②经济开放程度与政府规模的关系因地区而异呈现不同的线性关系值得思考，东部地区显著为正，中西部地区显著为负。这说明在经济开放程度较高的地区，由于外部风险的不断提高，政府为了抵御风险将扩大公共支出来补偿经济产出中受到外部冲击的损失（Ram，2009；杨灿明、孙群力，2008；孔宪遂、陈华，2014），从而东部地区政府规模呈现扩张的态势。③地方债务负担越重反倒越有利于控制地方政府规模的扩张，特别是中西部经济发展程度相对后进的地区，二者的相关性更为显著，这可能是由于地方收支差额过大对公共开支形成硬约束，导致公共开支的缩减。我们在表 3 - 3 中并没有考虑支出端分权的影响，是因为从图 3 - 1（c）可以看出，支出端分权与地方政府规模呈非线性关系。我们将在下一部分着重探讨支出端分权与地方政府规模的非线性关系。

第五节　重新思考"利维坦假说"
——支出端分权与地方政府规模

从理论分析的推断 3 - 2 可知，财政支出端分权对地方政府规模的影响受到转移支付依赖度（*Trsf*）、地方性公共品供给能力（*Locp*）和公共支出结构（*Exps*）这三个变量冲击呈现门槛值效应。为了更好地衡量这三个变量的冲击，本书利用 Tpanel 面板门槛模型来探讨地方政府规模与支出端分权的关系。如果存在一个阈值水平 k，有 $\eta_{1,it} \leqslant k$ 以及 $\eta_{1,it} > k$ 的分段规律，并使得支出端分权对地方政府规模效果显著不同，则虚拟变量可以被设置为阈值。如上所述，阈值水平 k 的选择对估计结果至关重要。根据 Chan（1993）在数量回归分析中的描述，k 越接近阈值水平，则该变量回归模型的平方残差和越小。本书构建面板门槛值回归模型：

$$Govs\_l_{s,it} = \alpha controlvar_{it} + \theta_1 D_{it} \times Expd_{1,it} + \theta_2 (1 - D_{it}) \times Expd_{1,it} + c$$

其中，虚拟变量 $D_{it} = \begin{cases} 0 & \eta_{1,it} \leq k \\ 1 & \eta_{1,it} > k \end{cases}$ $(3-28)$

设置 *Trsf*、*Locp* 和 *Exps* 的门槛值虚拟变量，得到回归结果，如表 3-4，以及门槛值的 LR 效应和门槛值划分下的总体样本散点图（如图 3-3 所示）。

表 3-4　　　　　　影响地方政府规模的三个因素和阈值效应

	Trsf	*Locp*	*Exps*
Open	0. 352 *** (0. 065)	0. 031 * (0. 083)	0. 248 *** (0. 078)
0 门槛值区域	2. 947 *** (0. 619)	- 0. 057 * (0. 672)	- 1. 728 ** (1. 009)
1 门槛值区域	8. 234 *** (0. 819)	2. 035 *** (0. 704)	2. 288 *** (0. 720)
2 门槛值区域	16. 159 *** (1. 120)	5. 105 *** (0. 757)	4. 031 *** (0. 748)
3 门槛值区域	108. 915 *** (9. 339)	10. 955 *** (1. 617)	5. 142 *** (0. 796)
_ cons	6. 149 *** (1. 045)	14. 778 *** (1. 093)	8. 616 *** (1. 169)
N	29	29	29
Obs	638	638	638
R^2	0. 412	0. 496	0. 429
F	87. 69 ***	52. 78 ***	37. 27 ***
门槛值 1	50. 741	0. 4047	0. 701
门槛值 2	60. 665	0. 4849	0. 906
门槛值 3	77. 004	0. 672	1. 095

注：*** 表示在 1% 水平下显著，** 表示在 5% 水平下显著，* 表示在 10% 水平下显著，括号内是稳健标准误；R^2 为调整后的拟合优度；数据由 STATA12.0 给出。

从表 3-4 和图 3-3 可以看出，支出端分权与地方政府规模之间存在门槛效应。在 Tpanel 回归中，*Trsf* 的影响始终为正，且影响系数递增；*Locp* 和 *Exps* 对支出端分权的政府规模效应的冲击是双向的。图 3 – 3 第一列是三个门槛指标的 LR 检验值，虚线是第一个门

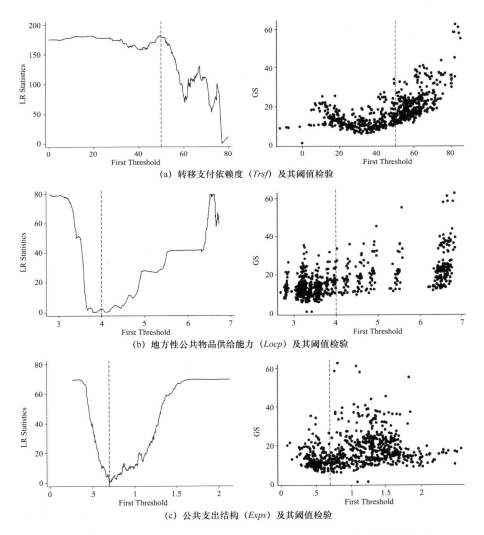

(a) 转移支付依赖度（*Trsf*）及其阈值检验

(b) 地方性公共物品供给能力（*Locp*）及其阈值检验

(c) 公共支出结构（*Exps*）及其阈值检验

图 3 – 3　影响支出端分权与地方政府规模关系的三个因素及其阈值检验

注：左列纵轴 LR statistics 表示 LR 统计量；右列纵轴 GS 表示政府规模；第一行 First Threshold 表示第一阈值（转移支付依赖度）、第二行 First Threshold 表示第二阈值（地方性公共品供给能力）、第三行 First Threshold 表示第三阈值（公共支出结构）。

槛值，第二列是在第一个门槛值下支出端分权对地方政府规模关系的散点图分布。从散点图可以清楚地看到门槛值对总体样本的划分，这也在一定程度上呈现了中国地方政府规模膨胀的事实。

第一，地方政府对中央政府转移支付依赖程度。实证表明，在 $Trsf$ 影响下，支出端分权与政府规模的系数分别为 2.947（$Trsf$ < 50.741）、8.234（50.741 < $Trsf$ < 60.665）、16.159（60.665 < $Trsf$ < 77.004）和108.915（$Trsf$ > 77.004），且都在 1% 的水平下显著。实证结果中二者的正向关系和递增关系都很显著。①显著的正向关系说明，地方对中央转移支付依赖度加强，会损害地方财政的独立自主性，使得地方政府在支出上有"特定收入"可依，在收支缺口越大越可能多地得到上级转移支付的财政背景下，扩大公共支出成为地方最优选择（胡祖铨等，2013）。当地方政府获得更多的财政资源时，对中央政府的转移依赖度的"粘性"越强（Gennari & Messina，2014），这不仅体现在中国财政供养的人口规模扩张更具刚性（范子英、张军，2010），还体现在公共投资项目上（Acosta，2010），最终结果是公共开支的大规模扩张。②显著的递增关系说明，转移支付依赖程度越高意味着地方财政分权对其规模扩张的影响越大（范子英、张军，2010），且这种正向影响会随着对转移支付依赖度的提升而加剧。转移支付是存在于政府预算中的软约束，它很好地解释了公共资金分配中的低效行为所导致的地方政府规模膨胀。

第二，供给地方性公共品的能力。事权下放在一定程度上保证了地方政府的自主性和独立性，假设配合一定的财权下放，如表3-2和表3-3所示，将能显著控制地方政府规模。然而，一旦中央政府这个"大家长"对地方性公共品"包办包揽"的程度过大，将不利于有效控制地方政府规模的膨胀。这是因为中央政府对地方公共性事务干预越多，会使地方政府对中央政府的依赖性越大，丧失其自主性和独立性，在"以收定支"的财政背景下，政府规模膨胀难以控制。实证也表明，在地方性公共品供给这一门槛指标下，支出端分权对政府规模的影响系数分别为 -0.057（$Locp$ < 0.4047），

2.035（0.4047 < $Locp$ < 0.4849），5.105（0.4849 < $Locp$ < 0.672），10.955（$Locp$ > 0.672），且负向影响在10%的水平下显著，正向影响在1%的水平下显著。显著程度的差异性解释了该变量的显著增大对地方政府规模的扩张效应。

第三，公共支出结构。本书以生产性支出占非生产性支出的比重来衡量地方公共支出结构，经验表明，当这一比例偏低时，由于支出结构的影响，财政支出端分权与地方政府规模是负相关的，当这一结构比例超过了0.7，二者关系则为显著正相关，且生产性支出比例越高，支出端分权对地方政府规模扩张的影响系数越大。这说明运用财政分权手段控制地方政府规模时必须考虑地方政府差异化的支出结构。支出结构门槛值效应存在于支出端分权与地方政府规模关系的主要原因在于，生产性公共投资过多而保障性公共支出不足会造成高投资低消费的局面（吕冰洋、毛捷，2014），地方政府支出端财政自主权利越大，越容易使地方政府依靠公共投资扩张以缓和内需疲软的态势，一方面直接造成地方政府规模扩张，另一方面将导致资本或资源利用的市场价格失衡（林毅夫、苏剑，2007），扭曲要素价格分配，陷入生产性公共支出扩张的恶性循环中。显著的正向递增系数也说明，公共支出结构的失衡是近年来地方政府规模膨胀的重要原因，这一点由图3-3（c）的门槛值与散点图得到证实。

我们的理论模型和实证经验都表明中国的财政分权并不能如"利维坦假说"所述，随着财政分权的深化，政府控制经济资源的数量将大幅缩减。我们发现，支出端分权的自由化程度并不能对政府规模起到控制和缩小的作用，这一影响过程受到地方转移支付依赖度、地方性公共品供给能力以及地方公共支出结构的冲击，总体上呈现正向相关的态势，局部存在门槛转折点。

本书认为造成这种影响的关键在于制度问题。第一，财政预算软约束——转移支付制度。中国转移支付制度是弥补地方财力缺口和平衡地区间财力差距的重要途径，这导致地方政府对这一公共池资源的依赖性更强。对预算支出缺乏有效控制机制，形成地方预算软约束（胡祖铨等，2013）。存在中央转移支付保障的背景下，地方公共支出更可能"大手大脚"。分权意味着地方政府获得更多相应的公共收支权力，在PTG压力下，理性政府更愿意选择扩张公共支出，创造"政绩"以在竞赛中获得优越地位，甚至脱颖而出。财政分权，特别是支出端的分权，为本身就存在预算软约束的地方支出扩张提供了财政支持。因此，如何"硬化"地方政府预算支出是下一步的研究重点。第二，缺乏自下而上的公共品偏好反应机制。地方性公共品是区别于全国性公共品的，前者具有地域上的排他性和竞争性，因此，对地方公共品的供给需充分获取辖区内居民的异质性偏好。"利维坦假说"立足于全民选举"用脚投票"的政治制度，但这一制度在中国由于户籍制度、迁移成本等因素并不能对财政决策起到巨大作用。也就是说，分权并没有给辖区内居民以更高的财政决策地位。在"用脚投票"体制缺失的背景下，分权并不能保障地区异质性偏好得到满足，因此其控制地方政府财政规模的期望也就无法实现（李婉、江南，2010）。第三，强烈功利性的地方政府竞争模式。生产性支出与非生产性支出对政府规模的控制具有重要影响。"利维坦假说"给定的机制是分权会给地方政府造成争夺税源的竞争，事实上，中国税收征收权大部分归中央政府控制。如果不能进行税收竞争，地方政府间的竞争将大多停留在支出端分权层面，即通过提供适当的公共品和公共服务满足竞争的需要。在GDP导向的地方竞争模式下，拥有对地方经济资源支配的财政权力越大，就越有可能导致这种公共支出的结构性扭曲以彰显"政绩"。

第六节　本章小结

本章旨在研究分权的收入端和支出端对中央政府和地方政府的公共支出规模的不同影响，继先前的理论研究，将内生模型应用于探究财政收入端和支出端分权对政府规模的不同效应。本章采用1994—2015 年中国省级动态面板数据，并利用双向固定效应和系统GMM 模型验证了财政分权与政府规模的线性关系，同时运用面板门槛估计模型进一步验证了支出端分权和地方政府规模的非线性关系。从中央政府层面来看，财权下放不利于控制中央政府规模，而事权下放对中央政府规模的控制表现出显著的正向促进作用。开放程度对中央政府规模扩张具有正向影响，说明中央政府在应对外来风险中承担主要责任，因此会做出相应的价格或总量补偿机制以应对外来风险所带来的损失。同时，地方政府债务负担越大，中央政府规模也会显著扩张，我们从转移支付体制可以找到部分解释，且政府公共性支出开支增大也能显著扩大中央政府规模。从地方政府层面来看，财权下放有利于控制地方政府规模，这是因为伴随财权下放，地方政府支出的预算硬约束加强了，因此减少了软约束下的"突击花钱"等支出上的不稳定性。事权下放对地方政府规模的影响表现出门槛效应：对转移支付依赖度越高，事权下放的政府膨胀效应越大，且该效应显著递增；当对地方性公共品供给能力高于 0.4 时，二者呈现显著正向递增关系；当生产性支出与非生产性支出的比超过 0.7 时，支出端分权程度越大，地方政府规模越大。门槛效应对控制地方政府规模具有重要的指导意义。

　　"利维坦模型"在中国的失效表明，要想实现控制地方政府规模的目标，仅仅依靠财政分权是不够的，需要综合调整转移支付制度以降低各地方政府对中央转移支付的依赖程度、完善居民对地方政府行为的约束机制以提升各地方政府对该地区性公共品的供给能力，同时合理分配公共资源，对改善民生的社会保障性支出尽职尽责，减少对社会生产投资的挤出，使财政资金对社会资金发挥最大的撬动力。

　　综上所述，从财政分权的不同方面着手，探究对不同政府规模的影响是本章的基础，研究发现支出端分权对地方政府规模存在阈值效应，且受到转移支付依赖度、地方性公共品供给能力和公共支出结构的影响是本章的主要成果。本章的理论假设并没有考虑地方政府间的竞争作用所导致的地方性公共品供给外溢，同时为了简化均衡模型将地方债的研究排除在外。然而，我们认为研究政府规模膨胀还需要在上述两个方面继续深化，这也是本书后续工作的研究重点。

第四章

中国式财政分权、公共品
竞赛与供给外溢

第一节　引言

中国式联邦主义理论（Jin et al.，2005）认为，行政权力下放和财政分权是最终决定地方政府行为和创造强大地方经济激励的两个最基本原因。在本书中，笔者打算详细阐述财政分权（与经济最相关的制度要素之一）在地方公共品供给中的作用，并着重分析这一关系在区域空间经济学方面的表现。为了清楚地阐明公共品的空间供给，首先考虑管辖区 i 的财政分权是否可以通过引入价格机制来影响管辖区 j 中的公共供给。其次，基于不同类型的公共品及其相应的成本，笔者建立了一个均衡模型来说明财政分权如何影响溢出公共品的边际变化。最后，通过建立一个空间计量经济模型，从空间区域的角度检验财政分权对公共供给的溢出效应，并研究中国公共品溢出效应的空间分布。应该指出的一点是，在我们的分析中，财政分权将从收入和支出的角度来考虑。

我们的研究任务具有挑战性，因为在数理上计算均衡模型中的溢出效应是一项复杂的工作。我们将俱乐部理论与使用者付费模型相结合，以期建立消费者效用最大化问题，并在 FOC 过程中使用标准 Kuhn-Tucker 技术来获得均衡结果。此外，将支出端和收入端分权引入理论模型以全面考虑公共品供给的溢出效应是创造性的。财权和事权的不同结果对公共品供给的效果完全不同，因此我们不能将它们混为一谈。同时，在构建空间计量模型中设置经济和地理空间权重矩阵也是一项繁杂的工作。本章具有重要意义，因为据我们所知，这是从财权和事权两个角度对地方公共品供给的溢出效应进行理论和数学建模的第一次尝试，并在地方政府公共品供给的实践中证实了地方竞争。我们的方法对分权理论的构建有一定的贡献，因为事权和财权结构的不同可能对地方政府行为产生不同的影响，特别是在我们的分析中，事权下放加剧了地方政府的 PTG，而收入端分权则相反。但是，这并不意味着我们的结论更加偏向中央将财权下放而收紧事权。因此，本章的重要意义在于，我们需要比对财权和事权两个方面，并合理地分配事权与财权，以确定地方政府的最佳财政行为。

在分权体制中，地方政府相比于中央政府，更了解其辖区内居民的公共品需求偏好，因而能够以低成本获得当地居民的公共品偏好（Hayek，1948）。同时居民"用脚投票"有效约束了当地政府的预算行为（Tiebout，1956）。因此，从理论上来讲，财政分权通过相对准确地供给地方性公共品，能够有助于提高公共品供给效率。

显而易见的是，自 1994 年以来，事权和财权的差距逐步扩大。因此，我们所不能忽视的一个事实就是，中国正在经历"事权"改革，但税收权力依然紧紧地握在中央政府手中。这种不平衡的财政分权结构对中国地方公共品供给产生了重要影响。首先，在选择税收款项方面，为了支撑其巨大的财政开支，地方政府对土地税有着强烈的偏好和巨大的依赖（Huang & Chen，2012）。其次，为了在 PTG 中取得较好的排名，事权下放程度高的地方政府将更加重视生产性公共品（如基础设施）的供给，而保障性公共品（如教育，医疗保健等）供给不足（Su，2012）。此外，中国地方政府对有限公共资源的竞争将越来越激烈，因为地方政府承担更多的支出义务，而获得更少的财政收入。

本书遵循 Fuest、Kolmar（2013）的使用者付费模型，探索财政政策的影响，但与 Fuest、Kolmar（2013）在建模细节和衍生结果方面有所不同。一个关键的区别是本书比较财权和事权在该问题上的不同表现，主要关注一个特定地方政府的财政政策将如何影响其他辖区的公共供给。此外，本书还应用空间计量经济学模型来检验溢出效应。在下一节中，将通过构建使用者付费模型来探讨这一问题。

本章的结构如下：第二节建立使用者付费模型，研究财政分权的溢出效应对地方公共品供给的影响机制；第三节介绍使用空间计量经济学方法；第四节进行实证分析；第五节进行小结。

第二节　包含两地区公共品供给的使用者付费模型

一　供给环境

为了简单起见，我们假设某个经济环境中有两个地区，即地区 i 和地区 j；假设供给三种按照排他性原则划分的物品，分别是私人品 c^i、地区 $g_c = g_c^i = g_c^j$ 一定程度外溢公共品 G^i 以及纯公共品 $g_c = g_c^i = g_c^j$。在这些地方所供给的物品中，每个地区的外溢公共品 G^i 属于非竞争性商品，它们具有使外部居民受益的物质特性，即可以排除外部居民使用但排他性成本高昂。为了更好地突出外溢公共品的边际变化，本书将以地区 i 的消费者为主体考虑最优化问题。根据 Brito、Oakland（1980），Fraser（1996）和 Huber、Runkel（2009）的研究，地区 i 的居民效用函数如下：

$$U^i（c^i，G^i，g_c）\qquad\qquad(4-1)$$

消费者可以通过两种手段来获得此类非竞争对手和被排除的公共品 G^i，即使用者付费 p^j 和搭便车 ω^i。根据 Fuest 和 Kolmar（2013）的研究，通过确定外溢公共品的总供给 G_S^i 和总需求 G_D^i，其外溢公共品 G^i 的价值如下：

$$G^i = \omega^i[f^j, e^j(\eta_e^j, \eta_r^j), o^i] G_S^i + p^j G_D^j \qquad (4-2)$$

其中 $\omega^i[f^j, e^j(\eta^j), o^i]$ 就是搭便车成本，它取决于如下三个部分：

（1）固定搭便车成本 f^j，该成本对任何搭便车者都一定，即 $\partial\omega^i/\partial f^j = 0$。

（2）排他性成本 $e^j(\eta_e^j, \eta_r^j)$，该成本随着分权对象的不同而不同。根据 Jin、Zou（2005）的研究，增加的收入端分权将为地方政府提供更多的自治，以建立政治保护，防止外部居民享受排他性高且昂贵的外溢公共品，即 $\partial e^j/\partial\eta_r^j > 0$。支出端分权的情况则有所不同。根据分权理论（Oates，1988；Oates、Schwab，1988），地方供给公共品，则该物品可以更好地反映内部居民高度异质的公共偏好，而由于信息不对称，对外部居民的异质性反映较弱。鉴于此，公共政策制定者可以在不同地区之间建立平衡，以减少财政支出外部性的影响，其做法就是：赋予内部居民更多的偏好权重，同时也给予外部居民一定的偏好权重，这限制了地方政府的排斥性投资，我们可以看出二者的关系是 $\partial e^j/\partial\eta_e^j < 0$。

（3）避免排他性支出的成本 o^i。为了提高本地居民的福利，本书还假设，当地政府可以针对潜在的外部搭便车者执法，这是避免潜在搭便车者享受外溢公共品的成本，即 $\partial\omega^i/\partial o^i > 0$。例如，潜在的搭便车者可以利用他们的一部分时间和成本来计划如何躲避控制以享受到排他性公共品而不用支付费用。

二 约束情况
（一）消费者预算约束

个人的效用函数可表示为：$U^i(c_i, G^i, g_c)$，若给出使用者付

费 p^i，搭便车成本 ω^i 以及总收入 I，则获得预算约束如下：

$$c_i + G^i + g_c = I\,(1 - \tau_s - \tau_c),$$

$$for\ G^i = \omega^i\,[f^i,\ e^i\,(\eta_e^j,\ \eta_r^j),\ o^i]\ G_S^i + p^j G_D^j \tag{4-3}$$

（二）地方政府预算约束

地方政府的预算约束如下：

$$\omega^i\,[f^i,\ e^i\,(\eta_e^j,\ \eta_r^j),\ o^i]\ G_S^i + \tau_c g_c^i$$

$$= Y\,(\tau_s + \eta_i \zeta)\ + p^j G_D^j\,[p^j,\ G_S^i,\ e^i\,(\eta_e^j,\ \eta_r^j)] \tag{4-4}$$

式（4-4）的左边衡量了该地区用于购买三类物品的总支出，包括外溢公共品 G_S^i 和非竞争、非排他的纯公共品 g_c^i。在纯公共品方面需要注意的是，正如前文所述，中央公共部门可以被视为提供全国范围纯公共品的机构，所有居民都可以获得，不涉及任何地方管辖权的排他性问题。为了保证供给这些非竞争非排他的纯公共品，中央政府征收了统一的税率，记为 τ_c。式（4-4）的右边衡量了该地区为地区内和地区外居民供给物品的总收入。假设当地公共部门能够获得地方税收入 $\tau_s Y$，并从财政分权中获得增加的收入 $\eta_i \zeta Y$，其中 η_r 表示收入端分权，ζ 表示由 GDP 增长所导致的税收增量，Y 则代表社会总产出。地区外居民需支付使用者付费 p^j。

三 均衡性分析

为了更好地突出外溢公共品的边际变化，本书将以地区 i 的消费者为主体考虑最优化问题 $U^i\,(c_i,\ G^j,\ g_c)$［式（4-1）］，其约束条件分别是消费者的预算约束［式（4-3）］和地方政府的预算约束［式（4-4）］。

$$\max\quad U^i\,(c^i,\ G^j,\ g_c)$$

$$s.t.\begin{cases} c_i + G^i + g_c = I\,(1 - \tau_s - \tau_c) \\ \omega^i\,[f^i,\ e^i\,(\eta_e^j,\ \eta_r^j),\ o^i]\ G_S^i + \tau_c g_c^i = Y\,(\tau_s + \eta_i \zeta)\ + p^j G_D^j\,[p^j,\ G_S^i,\ e^i\,(\eta_e^j,\ \eta_r^j)] \end{cases}$$

$$\tag{4-5}$$

均衡分析的一阶条件（The first-order condition，FOC）如下：

$$p^j : \lambda_i G_D^i + \rho_i \left(p^j \frac{\partial G_D^i}{\partial p^j} + G_D^i \right) = 0 \tag{4-6}$$

$$p^i : \frac{\partial U^i}{\partial G^j} G_D^i - \lambda_i \frac{\partial G_D^j}{\partial p^i} + \rho_i \left(p^i \frac{\partial G_D^j}{\partial p^i} + G_D^j \right) = 0 \tag{4-7}$$

$$\eta_r^j : \lambda_i \frac{\partial \omega^i}{\partial e^j} \frac{\partial e^j}{\partial \eta_r^j} + \rho_i \left(G_S \frac{\partial \omega^i}{\partial e^j} \frac{\partial e^j}{\partial \eta_r^j} - p^j \frac{\partial G_D^i}{\partial e^j} \frac{\partial e^j}{\partial \eta_r^j} - Y\zeta \right) = 0 \tag{4-8}$$

$$\eta_e^j : \frac{\partial U^i}{\partial G^j} \left(\frac{\partial \omega^j}{\partial e^i} \frac{\partial e^i}{\partial \eta_e^j} G_S^j \right) + \rho_i \frac{\partial G_D^j}{\partial e^i} \frac{\partial e^i}{\partial \eta_e^j} = 0 \tag{4-9}$$

其中 λ_i 和 ρ_i 分别表示消费者预算约束和地方政府预算约束相关联的拉格朗日乘数。如前文所述，p、η_r 和 η_e 分别表示使用者付费、收入端财政分权和支出端财政分权。

为了得到消费者效用最大，笔者应用标准的 Kuhn-Tucker 技术来处理 FOC 过程，推导出效用最大函数的一阶条件并获得均衡的拉格朗日乘数值。具体而言，通过推导式（4-6）和式（4-7）得到 λ_i 和 ρ_i，过程如下：

对 p^j 和 p^i 式进行整理，以确定 λ_i 和 ρ_i，再将该式代入 η_e^j 和 η_e^j 式中，整理得：

$$\begin{cases} \lambda_i = \dfrac{(\partial U^i / \partial G^j)\ G_D^i}{\partial G_D^j / \partial p^i + G_D^j} \\[4mm] \rho_i = -\dfrac{(\partial U^i / \partial G^j)\ (G_D^i)^2}{Z^i\ (\partial G_D^j / \partial p^i + G_D^j)} \end{cases} \tag{4-10}$$

其中，定义 $Z^j = p^j \dfrac{\partial G_D^i}{\partial p^j} + G_D^i$ 和 $Z^i = p^i \dfrac{\partial G_D^j}{\partial p^i} + G_D^j$

四　边际效应分析

本书主要目标是分析地区 i 的财政分权如何影响地区 j 的公共品供给，即探讨财政分权是否会影响地方外溢公共品供给。因此，研究的重点可以用一个代数表达式表示，即 $\partial G^j / \partial \eta^i$。正如式（4-2）所示，消费者有两种途径可以消费具有非竞争和排他性的公共品 G^i：一种是支付使用者付费 p^j；另一种是搭便车 ω^i，用数学表达式 $G^i =$

$\omega^i\left[f^i,\ e^j\ (\eta^j)\right],\ o^i)\ G_S^j+p^j G_D^j$ 可以表示。将二者结合起来，得到如下表达式：

$$\frac{\partial G^j}{\partial \eta^i}=\underset{\frac{\partial e^i}{\partial \eta_r^i}>0,\frac{\partial e^i}{\partial \eta_e^i}<0}{\frac{\partial e^i}{\partial \eta^i}}\left[G_S^i\frac{\partial \omega^j}{\partial e^i}+p^i\frac{\partial G_D^j}{\partial e^i}\right] \qquad (4-11)$$

首先，根据 Andreoni（1988）的研究，如果当地政府并没有对排他性公共品制定排他性成本，则其他地区居民将可以从整个外溢公共品的供给中获利而不需要支付任何成本，且该获利程度与他们对该物品的需求量无关，即 $\partial \omega^i/\partial e^j<0$。其次，正如前文所述，财政分权对排他性成本的影响取决于不同的分权对象，即 $\partial e^i/\partial \eta_r^i>0$，$\partial e^i/\partial \eta_e^i<0$。因此，本书着眼于 $\partial G_D^i/\partial e^i$，将着重阐述收入端和支出端分权对外溢公共品的影响。

（一）收入端分权

将 λ_i 和 ρ_i 代入式（4-8），解 η_r^j 式得：

化简，得 η_r^j：$\dfrac{(\partial U^i/\partial G^j)\ G_D^j\ \partial e^j}{\partial G_D^j/\partial p^i+G_D^j\ \partial \eta_r^j}$

$$\left[\frac{\partial \omega^i}{\partial e^j}-\frac{G_D^j}{Z^i}\left(G_S^i\frac{\partial \omega^i}{\partial e^j}-p^j\frac{\partial G_D^i}{\partial e^j}-Y\zeta\right)\right]=0$$

由于 $\dfrac{(\partial U^i/\partial G^j)\ G_D^i}{\partial G_D^j/\partial p^i+G_D^j}\neq 0$，

故令 $\dfrac{\partial \omega^i}{\partial e^j}-\dfrac{G_D^j}{Z^i}\left(G_S^i\dfrac{\partial \omega^i}{\partial e^j}-p^j\dfrac{\partial G_D^i}{\partial e^j}-Y\zeta\right)$ 为 0，得

$$\frac{\partial G_D^i}{\partial e^j}=\frac{G_S^i\dfrac{\partial \omega^i}{\partial e^j}-Y\zeta-\dfrac{\partial \omega^i}{\partial e^j}\dfrac{Z^i}{G_D^i}}{p^j}$$

整理，得 $\dfrac{\partial G_D^i}{\partial e^j}=\dfrac{\dfrac{\partial \omega^i}{\partial e^j}\left[G_S^i-\dfrac{Z^i}{G_D^i}\right]-Y\zeta}{p^j}$

又有 $Z^i=p^i\dfrac{\partial G_D^i}{\partial p^i}+G_D^j$

可得

$$\frac{\partial G_D^i}{\partial e^j}=\frac{\dfrac{\partial \omega^i}{\partial e^j}\left[G_S^i-\left(\dfrac{p^i}{G_D^i}\dfrac{\partial G_D^i}{\partial p^i}+\dfrac{G_D^j}{G_D^i}\right)\right]-Y\zeta}{p^j}$$

$$= \frac{\frac{\partial \omega^i}{\partial e^j}\left[G^i_S - \frac{G^j_D}{G^i_D}\left(\frac{p^i}{G^j_D}\frac{\partial G^j_D}{\partial p^i} + 1\right)\right] - Y\zeta}{p^j}$$

分析各个因子，得

$$\frac{\partial G^i_D}{\partial e^j} = \frac{\frac{\partial \omega^i}{\partial e^j}\left[\underset{<0}{G^i_S} - \frac{G^j_D}{G^i_D}\underset{>0}{\left(\frac{p^i}{G^j_D}\frac{\partial G^j_D}{\partial p^i} + 1\right)}\right] - Y\zeta}{p^j} < 0 \qquad (4-12)$$

命题 4 - 1   财权（收入端分权）对地方外溢公共品具有负向的影响。

将式（4 - 12）和式（4 - 11）的结构统一起来，本书发现地区 i 的财权程度越高则对地区 j 的公共品供给影响越小，即 $\partial G^j / \partial \eta^i_r < 0$。该结果由两个因素影响：第一，增加收入端分权的政府将更倾向于设置排他性障碍，从而使得搭便车成本增加，因此，潜在的搭便车人数将会更少。第二，随着更深层次的收入端分权，地方政府能够筹集更多资金来支付当地公共开支，因而更多的财政收入允许地方官员投资提升当地公共品的质量和数量，这两种选择都将进一步满足当地居民的公共需求，从而减少对外溢公共品的需求。

（二）支出端分权情况

将 ρ_i 代入式（4 - 8），解 η^j_e 式得

$$\eta^j_e: \frac{\partial U^i}{\partial G^j}\left(\frac{\partial \omega^j}{\partial e^i}\frac{\partial e^i}{\partial \eta^j_e}G^j_S\right) - \frac{(\partial U^i / \partial G^j)\ (G^i_D)^2}{Z^i\ (\partial G^j_D / \partial p^i + G^j_D)}\frac{\partial G^j_D}{\partial e^i}\frac{\partial e^i}{\partial \eta^j_e}\right) = 0$$

化简，得：$\eta^j_e: \frac{\partial U^i}{\partial G^j}\frac{\partial e^i}{\partial \eta^j_e}\left[\frac{\partial \omega^j}{\partial e^i}G^j_S - \frac{(G^i_D)^2}{Z^i\ (\partial G^j_D / \partial p^i + G^j_D)}\frac{\partial G^j_D}{\partial e^i}\right] = 0$

由于 $\frac{\partial U^i}{\partial G^j}\frac{\partial e^i}{\partial \eta^j_e} \neq 0$，故令后式为 0，得

$$\frac{\partial G^j_D}{\partial e^i} = \frac{\frac{\partial \omega^j}{\partial e^i}G^j_S Z^i\ (\partial G^j_D / \partial p^i + G^j_D)}{(G^i_D)^2}$$

整理，得：$\frac{\partial G^j_D}{\partial e^i} = \frac{\frac{\partial \omega^j}{\partial e^i}G^j_S \frac{Z^i}{G^j_D}\left[\frac{\partial G^j_D}{\partial p^i}G^j_D + 1\right]}{(G^i_D)^2}$

又有 $Z^i = p^i \dfrac{\partial G_D^j}{\partial p^i} + G_D^j$

可得，$\dfrac{\partial G_D^j}{\partial e^i} = \dfrac{\dfrac{\partial \omega^j}{\partial e^i} G_S^j \left[\dfrac{p^i}{G_D^j} \dfrac{\partial G_D^j}{\partial p^i} + 1 \right] \left[\dfrac{\partial G_D^j}{\partial p^i} G_D^j + 1 \right]}{(G_D^i)^2}$

分析如下：

$$\frac{\partial G_D^j}{\partial e^i} = \frac{\underset{<0}{\dfrac{\partial \omega^j}{\partial e^i}} \underset{>0}{G_S^j} \underset{>0}{\left[\dfrac{p^i}{G_D^j} \dfrac{\partial G_D^j}{\partial p^i} + 1 \right]} \underset{\substack{替代品，>0 \\ 互补品，若 > -\frac{1}{G_D^j}则整式>0；若 < -\frac{1}{G_D^j}则整式<0}}{\left[\dfrac{\partial G_D^j}{\partial p^i} G_D^j + 1 \right]}}{\underset{>0}{(G_D^i)^2}} \qquad (4-13)$$

命题4-2　事权（支出端分权）对外溢公共品供给的影响有三个途径：

（i）替代品：事权将扩大外溢公共品供给；

（ii）互补品且 $\dfrac{\partial G_D^j}{\partial p^i} \in \left(-\dfrac{1}{G_D^j}, 0 \right)$，事权将扩大外溢公共品供给；

（iii）互补品且 $\dfrac{\partial G_D^j}{\partial p^i} \in \left(-\infty, -\dfrac{1}{G_D^j} \right)$，事权将限制外溢公共品的供给。

正如我们所知道的，支出端分权决定了公共品的种类和规模，鉴于此，财政分权的外部性影响可能存在差异。由于品种繁多，我们在分析支出端分权的外部效应时，首先考虑公共品的分类。假设外溢公共品被分为两类：替代品和互补品，这取决于两类商品之间的价格—数量比。结合式（4-11），这种外部性效果的传递机制将详细阐述如下：

情形1：替代品，$\dfrac{\partial G_D^j}{\partial p^i} > 0 \overset{Eq.(13)}{\Rightarrow} \dfrac{\partial G_D^j}{\partial e^i} < 0 \overset{Eq.(11)}{\Rightarrow} \dfrac{\partial G^j}{\partial \eta_e^i} > 0$

对于一个地区的公共品供给而言，本地区的公共品相对于另一个地区具有较强的替代性。地区 i 的事权分权程度越高，则地区 i 对地区 j 搭便车者的约束越小，显而易见，会导致地区 j 搭便车的人越来越多。由于地区 j 想要享受地区 i 的公共品 G^i（外溢公共品），那么只有通过两种方式：一是搭便车 ω^i；二是使用者付费 p^j。既然搭便车者越来越多，想要消费这两类外溢公共品 G^i 的人群达到平衡以增加财政收入，或者单纯地想要控制搭便车者人数，地区 i 政府最有效的办法就是将使用者付费 p^j 价格降低。我们知道，地区 i 的公共品供给价格就两大类：对内征税和外部使用者付费，因此使用者付费的价格降低将在一定程度上相对提升本地区的公共品征税税率，因此本地公共品的供给成本将提升，由于地区 i 和地区 j 的公共品互为替代品，则地区 i 公共品价格的相对提高将直接导致地区 j 公共品供给量的相对扩大。故外溢效应为正。

情形 2：互补品，$\dfrac{\partial G_D^j}{\partial p^i} \in \left(-\dfrac{1}{G_D^j},\ 0 \right) \overset{Eq.\,(13)}{\Rightarrow} \dfrac{\partial G_D^j}{\partial e^i} < 0 \overset{Eq.\,(11)}{\Rightarrow} \dfrac{\partial G^j}{\partial \eta_e^i} > 0$

如果地区 i 和地区 j 的公共品互为互补品，且互补率低于 $1/G_D^j$，则地区 i 公共品价格的提升并不会显著降低地区 j 公共品的供给数量。同时，使用者付费的价格降低和搭便车的成本约束减小，这两种效应的叠加，将使潜在的搭便车者更容易避免被排他或以较少的费用享受外溢公共品，因此，消费外溢公共品将会成为一种越来越无成本的活动。其结果可能类似于情形 1。

情形 3：互补品，$\dfrac{\partial G_D^j}{\partial p^i} \in \left(-\infty,\ -\dfrac{1}{G_D^j} \right) \overset{Eq.\,(13)}{\Rightarrow} \dfrac{\partial G_D^j}{\partial e^i} > 0 \overset{Eq.\,(11)}{\Rightarrow} \dfrac{\partial G^j}{\partial \eta_e^i} < 0$

如果地区 i 和地区 j 的公共品互为互补品，且互补率高于 $1/G_D^j$，则地区 i 公共品价格的提升会显著降低地区 j 公共品的供给数量。情形 2 中的叠加补偿效应并不能起显著作用。地区 i 的事权程度高导致外溢公共品的需求减少。但是，我们看到，就两个地区供给的公共品来看，为了保障辖区内居民的公共需求，地区 i 与地区 j 所提供的公共品有较高的同质性和替代性，因此从其属性来看，替代品居多而互补品较少，故情形 3 在现实情况中并不多见。

第三节　数据、变量与实证模型

上一节从理论上研究了财政分权对外溢公共品供给的影响。接下来的实证研究将进一步验证该结论在中国的适应性，如继续分析财政分权的收入端（η_r^i）和支出端（η_e^i）对外溢公共品 G^j 的影响。考虑到区域间公共资源分配具有空间相关性，我们将结合经济和地理权重因子和空间 Durbin 模型进行实证研究。

一　数据和变量

本书着眼于公共品供给，以探索财政分权与地方政府公共品竞赛之间的相互关系。如前文所述，地方政府公共品竞赛的核心在于追求绝对高的 GDP 增长率，地方官员将通过投资短期且高回报项目来建立当地政府的经济绩效。因此，地方公共部门更偏好生产性支出。本书选择这种类型的公共支出，并建立包含 31 个省份、时间范围涵盖 1994—2013 年的面板数据。我们选择这个时期是因为中国在 1994 年开始进行财政分权。需要指出的是，重庆于1997 年设立直辖市，因此，1997 年之前关于重庆的宏观经济数据是不存在的。笔者构建的变量如表 4 – 1 所示：

表 4 – 1　　　　　　　　　　**数据的描述性统计**

变量	符号	数据表达
被解释变量		
地方公共品供给	*LGS*	地方生产性支出/人均 GDP

续表

变量	符号	数据表达
解释变量①		
收入端分权（事权）	DR	$\dfrac{local\ government^i\ revenue}{provincial\ revenue + central\ revenue}$
支出端分权（财权）	DE	$\dfrac{local\ government^i\ expenditure}{provincial\ expenditure + central\ expenditure}$
控制变量		
城乡消费差距	UR	城镇居民消费/农村居民消费
失业率	UN	失业人口/总人口
经济开发程度	IE	中国境内按目的地地点划分的商品进口额和按原产地划分的商品出口额
GDP 增长率	GDPG	GDP 增长率
文盲率	ILL	15 岁及以上未受教育人口/该年龄段总人口
赡养率	DEPE	0—14 岁人口和 65 岁以上人口总和/总人口
医疗覆盖程度	HOS	每万人床位数

资料来源：相关年份《中国统计年鉴》。

    图 4－1 显示了地方生产性公共品供给的时空变化。可以看到，地方公共开支缺口从 1994 年到 2013 年逐步扩大，原因在于全国公共支出水平都在增加。图 4－1 阐述的一个重要观点是，地理上相邻的政府能够达到相同的财政公共供给水平。

---

① 我们根据邹恒甫（2005）的研究从收入和支出的角度构建财政分权指数。这两种财政分权措施并不完善，因为它们没有充分说明地方政府在财政制度中的自治程度，然而，就现实情况而言它们确实以某种方式展现了财政分权水平，因此在文献中被广泛使用。

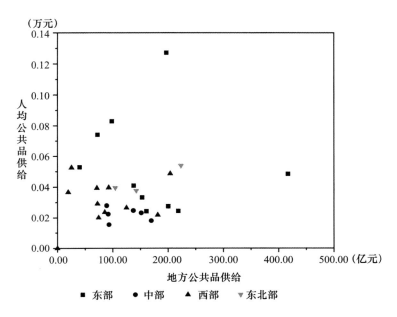

（a）1994 年全国四个经济区域地方公共品供给总额及人均情况

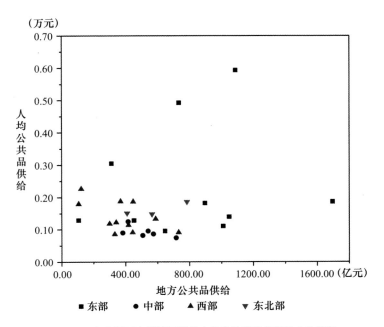

（b）2003 年全国四个经济区域地方公共品供给总额及人均情况

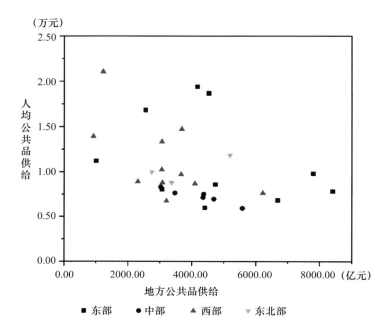

（万元）

（c）2013 年全国四个经济区域地方公共品供给总额及人均情况

图 4 - 1　地方生产性公共品时空变迁

二　空间面板计量模型

（一）空间杜宾模型

本书建立空间杜宾模型，并通过 LM 及空间 LM 检验判定空间杜宾模型是否会退化到空间误差模型（spatial error model，SEM）和空间滞后模型（spatial lag model，SLM 或 spatial autocorrelation model，SAR）。笔者参考 Elhorst（2010），LeSage、Dominguez（2016）关于空间计量模型设定的研究，建立了包含变量与嵌套权重矩阵的空间计量模型如下：

$$Y_{i,t} = \alpha + \beta^T X_{i,t} + (\gamma \sum_{j=1}^{N} W_{i,j} Y_{j,t}) + \sum_{k=1}^{k} (\rho_k \sum_{j=1}^{N} W_{i,j} X_{k,j,t}) + \varepsilon_{i,t} \quad （4-14）$$

其中，$Y_{i,t}$ 代表地方公共品供给。$X_{k,j,t}$ 中，t 代表年份，k 代表自变量，j 代表地区；$W_{i,j}$ 代表空间权重矩阵。下标 i，$j \in [1, N]$ 表示不同地区的空间权重关系。N 为省份。

（二）引入空间权重矩阵

1. 地理邻近空间权重矩阵（contiguity-based spatial weight matrix，CBW）

地理邻近空间权重矩阵，又称"二元邻近矩阵"，其分配规制是如下：

$$W_{i,j}^{C} = \begin{cases} 1, \ for \quad i \neq j \text{ 且相邻；} \\ 0, \ for \quad i \neq j \text{ 且不相邻；} \\ 0, \ for \quad i = j. \end{cases}$$

如果地区 i 和地区 j 相同，赋予其权重为 0；如果地区 i 和地区 j 不同且有共同的地理边界，则赋予其权重为 1；如果地区 i 和地区 j 不同且不存在共同的地理边界，则赋予其权重为 0。

2. 嵌套空间权重矩阵（nested spatial weight matrix，NW）

嵌套空间权重矩阵，实质上是将两个完全不同的权重矩阵用参数设置的方法统一起来。本书在研究中设定的嵌套权重矩阵主要考虑到地理因素和经济因素，将反距离空间权重矩阵（inverse – distance weight matrix，IDW）与经济空间权重矩阵（economic – based weight matrix，EBW）相结合，参考 Figueiredo、da Silva（2015）对嵌套权重矩阵参数的设定方法，构造如下模型：

$$W_{i,j}^{N}(\varphi) = (1 - \varphi) W_{i,j}^{I} + \varphi W_{i,j}^{E}, \ \varphi \in [0, 1]$$

其中，$W_{i,j}^{I} = \begin{cases} 1/|d_{i,j}|, \ i \neq j; \\ 0, \ i = j. \end{cases}$ 　　$W_{i,j}^{E} = \begin{cases} 1/|\bar{X}_{i} - \bar{X}_{j}|, \ i \neq j; \\ 0, \ i = j. \end{cases}$

当 φ 越接近于 0 时，W^{I} 的参数越大，说明嵌套空间权重矩阵对反距离空间权重矩阵赋予的比重越高，其地理因素越重要；当 φ 越接近于 1 时，W^{E} 的参数越大，说明嵌套空间权重矩阵对经济空间权重矩阵赋予的比重越高，其经济因素越重要。本书为了更好地对比不同的嵌套空间权重矩阵，为 φ 赋予了不同的数值，分别为 0、0.2、0.4、0.6、0.8 和 1，用以考察和研究在空间权重矩阵中，地理空间因素占主导地位还是经济空间因素占主导地位。

第四节　实证结果与分析

一　Moran's I 检验

在将 SDM 模型应用于中国地方政府的宏观数据之前，笔者首先进行了 Moran's I 空间相关性检验。该检验值通常在 ［-1，1］，其绝对值越大表示变量的空间自相关性越强。表 4-2 显示基于不同权重矩阵的全局 Moran's I 指数结果。在控制相关变量后，当地公共产品供给显示出显著空间自相关性，这说明使用空间计量经济模型是正确的选择。

表 4-2　　　　　　　　　　Moran's I 检验

权重矩阵赋值	变量数	Moran's I	Moran's I 统计量	边际概率	平均值	标准差	样本量
CBW	10	0.561	20.004	0.000	0.000	0.028	620
$\varphi=0$（IDW）	10	0.341	0.341	0.000	-0.004	0.013	620
$\varphi=0.2$	10	0.391	17.960	0.000	-0.004	0.022	620
$\varphi=0.4$	10	0.393	17.559	0.000	-0.004	0.022	620
$\varphi=0.6$	10	0.393	17.399	0.000	-0.004	0.022	620
$\varphi=0.8$	10	0.394	17.309	0.000	-0.004	0.023	620
$\varphi=1$（EBW）	10	0.394	17.252	0.000	-0.005	0.023	620

注：CBW 表示地理邻近空间权重矩阵；IDW 表示反距离空间权重矩阵；EBW 表示经济空间权重矩阵。

二　空间 Robustness 检验

表 4-3 统计了两个不同模型的估计结果，其中模型 1（第 2 列）是基于地理邻近权重矩阵的结果 $W_{i,j}^c$；模型 2（第 4-9 列）是基于

嵌套空间权重矩阵 $W_{i,j}^N$，具体来说是经济空间权重和反距离空间权重的双重度量结果。每个模型都是从收入端和支出端的角度区分财政分权对公共品供给的影响。

本书选择最小二乘法法（OLS）（第2列）作为表4-3中的基准参考，它表明可能存在空间相关性，并且它更适合于应用空间计量经济模型。为了选择合适的空间面板模型以及适当的模型形式，本书还需测试原假设 $H_0^1: \theta = 0$ 和 $H_0^2: \theta = -\rho\beta$ 是否成立，来检查空间 Durbin 模型是否会削弱退回为空间滞后模型或空间误差模型，如表4-3所示。不同模型的 Wald 检验结果在1%水平下均显著，这表明更广义的空间 Durbin 模型估计是合适的；Hausman 统计结果也在随机效应模型中支持使用 SDM 模型。

估算结果表明，在两种不同类型的空间权重矩阵 CBW 和 NW 之间进行比较时，支出端分权对公共品供给的影响比收入端分权更为显著。从支出角度看，事权下放对公共供给产生了积极影响，而收入端分权对其产生了负面影响（OLS 方法的回归系数分别为 1.066 和 -6.568），溢出效应在数据表现上更为显著。因此，本章的关键论点——财政分权将对地方公共产品的供给产生更多的区域空间溢出效应且事权和财权的影响是不同的——得到了中国实证经验的支持。

三　效应分析

表4-4显示了空间 Durbin 模型中直接效应、间接效应和总效应的空间估计结果。在理论研究中我们提出财政分权的溢出效应，在实证研究中是否存在这种溢出效应可以通过具有重要意义的间接效应来判断。表4-4还报告了整个样本不同权重矩阵的汇总效应估计，不难看到，除了诸如 DEPE 和 HOS 的控制变量之外，核心变量的三类效果都是显著的。

表4-3

不同权重矩阵的稳健性检验

变量	OLS	CDW	空间 Durbin 模型					
			ψ=0 (IDW)	ψ=0.2	ψ=0.1	ψ=0.6	ψ=0.8	ψ=1 (EBW)
DR	-6.568 *** (-7.712)	0.056 (0.120)	-0.453 * (-0.772)	-0.419 * (-0.654)	-0.904 ** (-1.453)	-0.946 ** (-1.517)	-0.975 ** (-1.562)	-0.995 ** (-1.593)
DE	1.066 * (1.154)	2.534 *** (5.389)	2.865 *** (4.979)	2.254 *** (3.755)	2.165 *** (3.706)	2.162 *** (3.699)	2.157 *** (3.691)	2.154 *** (3.684)
UR	2.963 *** (4.050)	-0.365 (-0.987)	-1.079 *** (-2.476)	-0.827 ** (-1.854)	-0.763 ** (-1.738)	-0.770 *** (-1.749)	-0.774 *** (-1.755)	-0.776 *** (-1.759)
UN	-0.806 ** (-1.789)	-0.065 (-0.323)	0.059 (0.245)	-0.148 * (-0.618)	-0.166 * (-0.707)	-0.168 * (-0.710)	-0.169 * (-0.714)	-0.1698 * (-0.717)
IE	0.646 *** (6.789)	-0.062 (-0.901)	-0.089 ** (-1.145)	-0.003 (-0.036)	0.025 * (0.309)	0.023 (0.295)	0.023 (0.290)	0.023 (0.287)
GDPG	-0.139 ** (-2.059)	-0.086 * (-1.890)	-0.032 * (-0.579)	-0.071 * (-1.300)	-0.080 * (-1.491)	-0.081 ** (-1.499)	-0.082 ** (-1.507)	-0.082 ** (-1.512)
ILL	0.948 *** (12.363)	0.283 *** (3.269)	0.015 (0.150)	-0.100 ** (-0.993)	-0.037 (-0.375)	-0.035 (-0.362)	-0.034 (-0.349)	-0.033 (-0.340)
DEPE	-0.451 *** (-3.697)	-0.0497 (-0.761)	0.001 (0.018)	-0.056 * (-0.723)	-0.074 * (-0.967)	-0.075 * (-0.978)	-0.075 * (-0.985)	-0.076 * (-0.989)

续表

变量	OLS	空间 Durbin 模型						
		CBW	φ=0 (IDW)	φ=0.2	φ=0.4	φ=0.6	φ=0.8	φ=1 (EBW)
HOS	0.229*** (2.169)	-0.859*** (-13.183)	-0.775*** (-10.657)	-0.878*** (-11.069)	-0.855*** (-11.074)	-0.850*** (-11.042)	-0.848*** (-11.029)	-0.846*** (-11.023)
W×DR		-0.109 (-0.153)	2.241* (0.646)	8.072*** (4.457)	7.661*** (4.611)	7.362*** (4.529)	7.216*** (4.493)	7.130*** (4.473)
W×DE		-0.107 (-0.147)	-0.834 (-0.221)	1.308* (0.704)	-0.857* (-0.491)	-0.643 (-0.374)	-0.548 (-0.322)	-0.493 (-0.291)
W×UR		0.256 (0.322)	-2.282* (-0.995)	-2.792*** (-1.872)	-1.665** (-1.171)	-1.661** (-1.180)	-1.652** (-1.180)	-1.645** (-1.180)
W×UN		0.033 (0.077)	-6.142*** (-4.491)	0.012 (0.013)	0.537* (0.619)	0.586* (0.684)	0.612* (0.719)	0.628* (0.741)
W×IE		-0.217** (-1.756)	-0.898** (-2.272)	-1.071*** (-3.560)	-0.962*** (-3.446)	-0.974*** (-3.595)	-0.976*** (-3.676)	-0.976*** (-3.728)
W×GDPG		0.228*** (2.675)	0.314* (1.091)	0.335* (1.963)	0.293*** (1.814)	0.284*** (1.779)	0.278*** (1.757)	0.275*** (1.742)
W×ILL		-0.490*** (-2.969)	-1.910*** (-3.686)	-1.113*** (-3.290)	-0.950*** (-2.970)	-0.919*** (-2.905)	-0.903*** (-2.873)	-0.893*** (-2.853)

续表

变量	OLS	空间 Durbin 模型						
		CBW	$\varphi=0$ (IDW)	$\varphi=0.2$	$\varphi=0.4$	$\varphi=0.6$	$\varphi=0.8$	$\varphi=1$ (EBW)
$W \times DEPE$		0.197* (1.469)	-0.095* (-0.197)	0.382*** (1.781)	0.293** (1.431)	0.287** (1.416)	0.284** (1.407)	0.282** (1.403)
$W \times HOS$		0.711*** (6.185)	-1.562*** (-3.175)	-0.308** (-1.340)	0.047 (0.219)	0.041 (0.196)	0.0416 (0.197)	0.042 (0.201)
$W \times dep.\,var$		0.619*** (18.210)	0.254*** (2.788)	-0.236*** (-3.221)	0.202*** (3.176)	0.190*** (2.999)	0.187*** (2.964)	0.186*** (2.957)
teta		0.090*** (5.588)	0.076*** (5.582)	0.065*** (5.578)	0.072*** (5.580)	0.072*** (5.581)	0.0730*** (5.581)	0.073*** (5.581)
LM-lag		265.767***	341.616***	155.195***	147.142***	144.081***	142.425***	141.377***
R-LM-lag		0.317	95.854***	67.381***	63.838***	62.350***	61.506***	60.957***
LM-error		391.870***	565.679***	306.946***	293.841***	288.645***	285.765***	283.913***
R-LM-error		126.419***	319.917***	219.132***	210.537***	206.914***	204.845***	203.493***
R-squared	0.425	0.935	0.908	0.904	0.907	0.906	0.906	0.906
lik	-2368.334	-2249.919	-9007.138	-9040.301	-9585.800	-9066.455	-8825.124	-8686.246
Wald-s-lag		54.625***	75.881***	86.689***	67.564***	66.767***	66.312***	66.024***
Wald-s-error		24.719***	81.426***	78.954***	71.937***	71.017***	70.517***	70.206***
H test		18.180	14.286	53.108	6.389	4.959	6.643	6.417

注：*** 表示在1%水平下显著，** 表示在5%水平下显著，* 表示在10%水平下显著，括号内为 t 值。

表4－4　财政分权对公共品供给的直接效应、间接效应和总效应

变量	直接效应			间接效应（溢出效应）			总效应		
	lower 0.05	系数（t值）	upper 0.95	lower 0.05	系数（t值）	upper 0.95	lower 0.05	系数（t值）	upper 0.95
地理邻近空间权重矩阵（CBW）									
DR	-2.653	-1.594*** (-2.843)	-0.456	-3.865	-1.719* (-1.090)	-0.524	-7.061	-3.313** (-1.812)	-0.356
DE	1.326	2.521*** (4.248)	3.695	2.624	5.818*** (3.512)	9.208	4.520	8.339*** (4.168)	12.556
UR	0.051	0.123 (0.238)	1.165	-3.850	-0.635* (-0.379)	-0.021	-1.072	-0.511* (-0.269)	-0.037
UN	-2.703	-2.105*** (-7.038)	-1.479	-4.385	-1.905* (-1.553)	-0.515	-6.843	-4.011*** (-2.901)	-1.347
IE	0.005	0.010* (0.153)	0.149	-1.229	-0.750** (-3.117)	-0.318	-1.252	-0.740*** (-2.918)	-0.281
GDPG	0.224	-0.063** (-0.766)	-0.100	0.091	0.279* (0.960)	0.532	0.057	0.216 (0.637)	0.466
ILL	1.103	1.202*** (24.012)	1.298	0.105	0.449** (2.609)	0.799	1.249	1.651*** (8.726)	2.022

续表

变量	直接效应			间接效应（溢出效应）			总效应		
	lower 0.05	系数（t值）	upper 0.95	lower 0.05	系数（t值）	upper 0.95	lower 0.05	系数（t值）	upper 0.95
地理邻近空间权重矩阵（CBW）									
DEPE	-0.231	-0.058* (-0.673)	0.113	-1.460	-0.809** (-2.507)	-0.185	-1.575	-0.868* (-2.552)	-0.227
HOS	-0.824	-0.680*** (-9.087)	-0.532	-1.060	-0.613*** (-2.807)	-0.177	-1.800	-1.294*** (-5.188)	-0.792
嵌套空间权重矩阵（NW，$\varphi=1$ 表示经济空间权重矩阵 EBW）									
DR	-3.176	-1.951*** (-3.229)	-0.776	-1.895	-0.569* (-0.345)	-0.026	-5.801	-2.520** (-1.525)	-0.743
DE	2.679	3.889*** (6.111)	5.174	0.357	0.701** (1.335)	1.168	0.160	4.590*** (2.069)	8.915
UR	0.042	0.178 (0.326)	0.347	-5.847	-2.393** (-1.412)	-0.887	-5.493	-2.215** (-1.284)	-1.221
UN	-2.376	-1.759*** (-5.510)	-1.154	0.197	2.460*** (2.213)	4.530	0.079	0.701 (0.576)	2.888
IE	0.004	0.045* (0.580)	0.105	-1.341	-0.852*** (-3.495)	-0.379	-1.262	-0.806*** (-3.557)	-0.366

续表

嵌套空间权重矩阵（NW，$\varphi = 1$ 表示经济空间权重矩阵 EBW）

变量	直接效应			间接效应（溢出效应）			总效应		
	lower 0.05	系数（t值）	upper 0.95	lower 0.05	系数（t值）	upper 0.95	lower 0.05	系数（t值）	upper 0.95
GDPG	-0.145	-0.077 * （-0.888）	-0.003	0.149	0.607 *** （2.646）	1.053	0.059	0.530 *** （2.208）	1.001
ILL	1.232	1.341 *** （25.673）	1.444	-0.720	-0.390 *** （-2.322）	-0.059	0.605	0.950 *** （5.500）	1.289
DEPE	-0.670	-0.469 *** （-4.732）	-0.271	-0.015	0.475 *** （1.879）	0.978	-0.460	0.005 （0.023）	0.497
HOS	-1.052	-0.885 *** （-10.803）	-0.727	-0.968	-0.465 *** （-1.900）	0.010	-1.907	-1.351 *** （-4.942）	-0.810

注：*** 表示在 1% 水平下显著，** 表示在 5% 水平下显著，* 表示在 10% 水平下显著，括号内为 t 值。

（一）收入端分权

首先，对于 CBW 估算结果，收入端分权减少 1% 将导致同一地区生产性公共支出降低 1.594%。"利维坦假说"阐述的正是这种情况，其支持者认为财政分权可能导致非合作竞争，这种竞争会自动产生地方政府滥用公共资源的约束机制。税收竞争将导致地方政府收紧财政以弥补在竞争中所遭受的损失，这可能会限制公共开支。受预算约束，地方政府将减少生产性支出，从而限制地方政府的公共品竞赛。

其次，溢出效应也表现出相同的模式，表 4 - 4 表明在地区 i 收入端分权增加 1% 将导致地区 j 公共品供给减少 1.719%。与直接效应相比，溢出效应的估计结果更为显著且作用更大。这是因为溢出效应是一个积累量，它衡量了所有外溢流入地区的总和。对收入端分权的负面溢出效应有两种解释：一是与本章理论研究相一致的，即当地方政府能够获得更多财权自由时，它可以在公共供给上有更充足的资金保障，也可以对当地居民的利益进行排他性管制，这两种选择都会导致越来越多的潜在搭便车者必须支付使用费才能享受到外溢公共品，这无疑会减少对公共品的溢出需求；另一种解释是政府间竞争理论，即由于中央政府有一定程度的公共转移支付，一旦某个地方政府获得越来越多的帮助，其他同级政府所获得的转移支付将相对越来越萎缩，加剧了财政紧缩。此外，收入分权总是伴随着税收竞争，这也导致财政紧缩。双重财政紧缩效应使地方政府削减了生产预算，最终限制了本地政府对生产性公共品的供给。对于财权下放的溢出效应，其实证结果有力地证明了本书的理论假设。

最后，总效应是直接效应和间接效应的累积。收入端分权增加 1% 将使公共供给减少约 3.313%，且具有统计上 1% 的显著水平，说明它放大了对当地生产性支出的负面影响。

另外，对于 EBW 估计结果，收入端分权的直接和间接影响分别是 - 1.951 和 - 0.569。CBW 的溢出效应显著大于 EBW，这恰恰证明了对于地理上相邻但对经济不相关的地方政府，其内部竞争和模仿行为的影响更为显著。

（二）支出端分权

第一，就 CBW 估计结果而言，正向直接影响表明支出端分权增加 1% 导致公共供给增加 2.521%，且在统计上显著程度为 1%。这主要是因为拥有更多事权下放的地方政府更有意愿扩大其公共支出，以维持其在官员绩效考核中的竞争地位或得到晋升。如果地方政府能够从中央政府获得更多的转移支付，则更多的支出项目会导致粘纸效应的加剧。

第二，事权下放也扩大了邻近地方政府的公共供给，每单位增加了 5.818%。这一发现与官员绩效考核有关，并在统计上证明了我们关于支出端分权外溢效应的理论假设。如前所述，竞赛获胜者将得到提升，其评估地方官员绩效的标准就是单一的 GDP 增长率。如果地方官员希望保持其职位或获得晋升，则有必要将每项预算用于生产性投资以满足晋升要求，例如，通过关于优惠税收减免、土地价格补贴甚至定制特殊激励方案的提案，以吸引尽可能多的国内外投资，最终实现更好的 PTG 表现（范子英、张军，2010）。增加支出端分权的地方政府有能力扩大其支出项目，更重要的是，这些财政扩张是使其在地方竞争中排名靠前的不可或缺的手段。一个地区生产性支出的增加，迫使邻近地区更倾向投资于短期且高回报项目，这就是支出端分权溢出效应加剧的方式。邻近公共部门之间的模仿和竞争行为为公共供给的空间外部性提供可能。但必须指出的是，寻求过高增长率的竞争行为将导致低效率重建，最终会阻碍经济增长。

第三，关于支出端分权的另一重要结论是，它对公共供给的总体影响是 8.339，且具有 1% 的统计意义。这种综合总效应以及财政结构中支出端分权的高比例，往往会大大加剧地方政府之间的竞赛和竞争。

此外，类似于上一节关于收入端分权的分析，我们看到对于支出端分权，基于 CBW 的溢出效应大约是 EBW 的间接效应的 8 倍。

这一结果可能再次证实，在地理上相互关联的地区，其内部竞争和模仿行为比经济联系紧密的地区对政府财政行为的影响更为重要。

第五节　本章小结

本章的目的是分析财政分权对公共品供给的溢出效应。笔者基于使用者付费模型研究了这种溢出效应的内在机制，并将空间计量经济学方法应用于中国地方政府的宏观数据中，从支出和收入的角度估算了财政分权对地方公共开支的影响程度，试图揭示这种公共品供给偏好模式与要素收入分配及其衍生各种经济问题的内在关联。

本章的主要发现如下：（1）财政分权对地方政府公共品竞赛非常重要，然而，事权和财权的分权程度不同会对公共品供给产生不同的影响；（2）当收入端分权程度较高时，由于对外溢公共品的需求锐减，潜在的搭便车人数将会减少；实证估算结果还表明，收入端分权与外溢公共品供给呈负相关；（3）如果本地公共品和外溢公共品是替代品或 MRS 大于 $-1/G_D^i$ 的互补品，则事权下放程度越高越可能会扩大当地公共品供给；在空间估计中，支出端分权正向的直接、间接和总效应在统计上证实了中国地方政府竞争的存在；（4）在空间估计中，地理邻近空间权重矩阵的溢出效应显著大于经济空间权重矩阵，这恰恰证明了地理上相邻但不具有经济邻近的地方政府之间，其竞争和模仿行为更普遍。

本章研究结论对政策制定有着积极影响。第一，中央政府和地方政府要做好财政分权的体制改革。为了提高财政运作效率，中央政府和地方政府都需要通过对现行的财政分权制度进行细致化的改革，使财权和事权的结构有更具体的划分和更合理的比例。第二，适度调整中央和地方的支出责任。一方面要适度加强中央事权，增强中央的宏观调控能力，另一方面要适度控制地方事权，形成中央对地方的监督，同时，在中央政府和地方政府的共有事权上要明晰中央和地方的界限，更要形成责任划分和监督管理。事权下放程度提高会加剧地方政府以 GDP 为导向的政绩考核竞赛，即地方官员的晋升锦标赛，因此要考虑在事权支出项目上对地方政府实施约束和控制，尽量减少低效率重复生产导致的产能过剩。第三，优化地方政府的竞争模式，优化地方政府间的竞争机制。面对国内投资和消费疲弱，尤其是当前东亚通货紧缩，政府参与经济发展的行为越来越重要。因此，为了适应新的变化，地方政府应该通过建立一个综合评价体系约束地方官员的行为，从而优化竞争机制，而不是只以GDP 作为唯一考核目标。第四，公共品供给外部性在空间地理邻域中的统计意义，表明地方政府可以与地理邻国合作，以减少分权的负面溢出效应，并实现区域规模发展，浪费更少的稀缺资源。地理发展的外溢作用更为明显，故地方政府可以采取区域联合的发展模式，一方面减少公共品供给外溢的负面作用，另一方面可以实现规模发展，减少稀缺资源的浪费，也能避免重复建设带来的产能过剩的问题。在东亚，特别是在国际金融危机之后，越来越多的政府干预市场，通过建立一个地理上相互联系的新兴经济体，以实现区域繁荣。总体而言，地方政府在制定政策时必须更加谨慎，特别是重组财政分权制度，因为权力下放的对象不同，对外溢公共品的影响也是完全不同的。

第五章

中国式财政分权、要素收入分配与支出偏好

第一节　引言

随着市场化改革的深入进行，中国实现了经济增长奇迹。然而，劳动报酬比例持续下降的事实引起了许多学者的关注（Kerr, 2014；Gorden & Cullen, 2012；Feld & Schnellenbach, 2013；Bertola, 2016）。根据国家统计局数据，中国的劳动报酬从 1995 年的 0.519 降至 2013 年的 0.451，其中 2007 年达到最低点 0.399，这表明中国的生产要素分布已经与卡尔多的典型事实背道而驰（马光荣、郭庆旺和刘畅，2016；吕冰洋等，2012）。巧合的是，在工业化和全球化过程中，发展中国家和发达国家都出现了类似的情况（Blanchard & Giavazzi, 2001；Bental & Demougin, 2010；Acemoglu, 2009），这可能会阻碍经济增长和社会稳定（Alhowaish, 2015）。

本章以中国为例，旨在分析要素分配不平等的特征，并找出其与财政分权的相关性。具体目标如下：（1）试图呈现要素分配不平衡的特征；（2）基于两部门的内生模型，着重揭示财政分权影响要

素分配的内在机制；（3）对中国经验进行实证检验，以确定有效的财政分权结构，减少生产要素分配不平等。本书的主要目的是研究财政政策如何从财政分权的两个方面（事权和财权）影响生产要素分配。但是，这并不意味着得出的结论就是支持收入端分权或支出端分权。本章所做的研究主要是对比财政分权的不同结构对要素收入分配的影响，以优化地方政府财政分权结构，进一步减少要素分配不平等，维护社会安定。

本章的其余部分结构如下：第二节构建了一般均衡模型，其中政府为企业部门提供公共投入，使当地居民选择在劳动力和资本之间重新分配投入，并计算均衡结果以研究财政分权结构与资本—劳动力分配的关系；在第三节中，详述所使用的数据、变量以及空间计量模型；第四节结合中国事实进行实证分析；第五节是结论。

第二节　包含两地区公共品供给的内生模型

本章假设经济由一个政府和许多代理人组成，代理人永久生活，其目标是实现最大折现效用流。家庭的效用包括消费和休闲，代理人的选择取决于他或她的财务预算。在某个司法管辖区，代理人会建立其效用函数，为简单起见，本书遵循 Chang 等（2013）和 Xie（1997）的家庭效用函数设定方法。因此，最终的效用形式如下：

$$F(c_i)\int_0^\infty e^{-\rho t}\left[\frac{C_t^{1-\sigma}-1}{1-\sigma}-l\right]dt, \rho \in (0,1), \sigma > 0 \qquad (5-1)$$

其中，C_t 表示在 t 时期内的消费，其规范化的假设确保消费函数的 CIES 形式；σ 是消费中替代的跨期弹性的倒数；C_t 是消费；ρ 是时间偏好的比率；l 是企业部门的劳动力供给。在每个时间点，代理人被赋予 1 个单位的劳动时间并将其劳动时间分配给货物的生产。本书假设代理人理性，且在其生命周期内实现效用最大化。

随着私人投入的贬值，私人资本积累可以写成：

$$k_{p,t+1} = I + (1 - \delta_p)k_{pt}, \quad \delta_p \in (0,1) \tag{5-2}$$

那么，代理人所面临的预算约束是：

$$(1 - \tau_c - \tau_s)\chi y - C_t - k_{p,t+1} + (1 - \delta_p)k_{pt} - (1 - \tau_s)wl = 0, \quad \delta_p \in (0,1) \tag{5-3}$$

其中，τ_c、τ_s 代表对整个经济产出的中央税和地方税税率，本书定义 $\eta_r = \tau_s / (\tau_c + \tau_s)$ 是收入端的财政分权。χ 是公共支出偏好。中国式财政分权推动地方政府越来越多地投资于投资回报期短且回报率高的经济建设。投资还涉及税后劳务投资（属于地方税），因此，在预算约束中，我们扣除了部分 $(1 - \tau_s)wl$。

中央政府提供纯公共品，由于其非竞争性和非排他性特征，可以为全体居民所享受，而地方公共品由各地政府供给，仅覆盖当地居民。因此，笔者将资本投入分为三类：私人部门、中央政府和地方政府。生产最终产品（包括私人物品和公共产品）的技术可以写为：

$$y = A k_{pt}^{\alpha} k_{ct}^{\beta} k_{st}^{\gamma} l^{1-\alpha-\beta-\gamma}, \quad \alpha, \beta, \gamma \in (0,1) \tag{5-4}$$

其中，A 代表全社会的生产技术水平，是恒定的。k_{pt}、k_{ct}、k_{st} 分别表示私人部门、中央政府和地方政府为社会总产品所支付的生产性支出。α、β 和 γ 分别表示这三个不同部门生产最终产品的资本投入系数。$k_{st}/k_{ct} = \eta'$ 是地方公共生产性支出与中央公共生产性支出的比，由此 $\eta_e = \eta'/1 + \eta'$ 衡量支出端分权。

企业部门的最大化问题可以表示为：

$$\max \left[(1 - \tau_c - \tau_s)\chi y - wl - rk \right] \tag{5-5}$$

由于私人要素投入的生产函数是规模不变，则企业部门的竞争利润为零。生产约束条件定义为式（5-4）。根据一阶条件，我们可以得到平均资本收益和工资率的均衡结果为：

$$r = (1 - \tau_c - \tau_s)\chi \frac{\partial y}{\partial k_{pt}} = \alpha (1 - \tau_c - \tau_s)\chi \frac{y}{k_{pt}} \tag{5-6}$$

$$w = (1 - \tau_c - \tau_s)\chi \frac{\partial y}{\partial l} = (1 - \tau_c - \tau_s)\chi (1 - \alpha - \beta - \gamma) \frac{y}{l} \tag{5-7}$$

本书所需解决的最大化问题是：在财政政策选择 $\omega_2 = \{\tau_c,\ \tau_s,$ $\eta_1,\ \eta_2\}_0^{\infty}$ 中寻找一串合理的要素分配序列 $\omega_1 = \{C_t,\ I,\ k_{pt},\ k_{ct},$ $k_{st},\ l\}_0^{\infty}$，以对式（5-1）进行最大化问题的处理，且其预算约束为式（5-3）和式（5-4），如下：

$$\max \int_0^{\infty} e^{-\rho t}\left[\frac{C_t^{1-\sigma}-1}{1-\sigma}-l\right]dt,\quad \rho \in (0,1),\sigma > 0$$

$$\text{s. t.}\begin{cases} y = Ak_{pt}^{\alpha}k_{ct}^{\beta}k_{st}^{\gamma}l^{1-\alpha-\beta-\gamma},\quad \alpha,\ \beta,\ \gamma \in (0,\ 1) \\ (1-\tau_c-\tau_s)\ \chi y - C_t - k_{p,t+1} + (1-\delta_p)\ k_{pt} - (1-\tau_s)\ wl = 0,\quad \delta_p \in (0,\ 1)\end{cases}$$

$$(5-8)$$

一阶条件（FOC）如下：

$$C_t^{-\sigma} = \lambda \tag{5-9}$$

$$w = \frac{1}{\lambda\ (1-\tau_s)} \tag{5-10}$$

Euler 公式为：

$$\bar{\lambda}_{pt} = \rho\ \lambda_{pt} - \left[(1-\tau_c-\tau_s)\ \frac{\alpha y}{k_{pt}} + (1-\delta_p)\ k_{pt}\right]\lambda_{pt} \tag{5-11}$$

此外，均衡要求成立的横截条件（TVC）如下：

$$\lim_{t \to 0}\left[e^{-\rho t}\lambda_{pt}k_p\ (t)\right] = 0 \tag{5-12}$$

其中 λ_{pt} 表示影子价格，即私人资本的效用值。

Hamiltonian 函数建立如下：

$$H = \left[\frac{C_t^{1-\sigma}-1}{1-\sigma}-l\right] + \eta\ln(TR) + \lambda[(1-\tau_c-\tau_s)\chi y - C_t - \delta_p k_{pt} - (1-\tau_s)wl]$$

$$(5-13)$$

使 $\dfrac{\partial H}{\partial C_t} = 0$，得

$$C_t^{-\sigma} = \lambda$$

使 $\dfrac{\partial H}{\partial l} = 0$，得

$$w = \frac{1}{\lambda \ (1 - \tau_s)}$$

因为

$$w = \ (1 - \tau_c - \tau_s) \ \chi \frac{\partial y}{\partial l} = \ (1 - \tau_c - \tau_s) \ \chi \ (1 - \alpha - \beta - \gamma) \ \frac{y}{l};$$

即

$$\frac{1}{\lambda \ (1 - \tau_s)} = \ (1 - \tau_c - \tau_s) \ \chi \ (1 - \alpha - \beta - \gamma) \ Ak_{pt}^{\alpha} k_{ct}^{\beta} k_{st}^{\gamma} l^{-\alpha-\beta-\gamma};$$

本书已经定义了 $\eta_r = \tau_s / \ (\tau_c + \tau_s)$，$k_{st}/k_{ct} = \eta' \ and \ \eta_e = \eta'/1 + \eta'$，因此可以推导为：

$$\frac{\eta' + 1 - 1}{1 + \eta'} = \eta_e \Rightarrow 1 - \frac{1}{1 + \eta'} = \eta_e \Rightarrow \frac{1}{1 - \eta_e} = 1 + \eta' \Rightarrow \eta' = \frac{1}{1 - \eta_e} - 1$$

$$\Rightarrow \frac{1}{\eta'} = \frac{1}{\frac{1}{1 - \eta_e} - 1} \Rightarrow \frac{1}{\eta'} = \frac{1}{\frac{1 - \ (1 - \eta_e)}{1 - \eta_e}} = \frac{1 - \eta_e}{\eta_e} = \frac{1}{\eta_e} - 1$$

简化，得：

$$\frac{l^{\alpha+\beta+\gamma}}{k_{pt}^{\alpha} k_{st}^{\beta+\gamma}} = \frac{l^{\alpha+\beta+\gamma}}{k_{pt}^{\alpha} k_{ct}^{\beta} k_{st}^{\gamma}} = \left(\frac{1}{\eta'}\right)^{\beta} \left(1 - \frac{\tau_s}{\eta_r}\right) \chi \ (1 - \alpha - \beta - \gamma) \ A \lambda \ (1 - \tau_s);$$

根据上述两个等式并得到最终式如下：

$$\frac{l^{\alpha+\beta+\gamma}}{k_{pt}^{\alpha} k_c^{\beta+\gamma} t} = \left[\frac{1}{\eta_e} - 1\right]^{\gamma} \left(1 - \frac{\tau_s}{\eta_r}\right) \chi \ (1 - \alpha - \beta - \gamma) \ A\gamma \ (1 - \tau_s)$$

如果 $k_{ct} \xrightarrow{t \rightarrow \infty} k_{pt}$，则式（5 - 13）的均衡为：

$$\frac{l}{k_{pt}} = \left[A \chi \lambda \left(1 - \frac{\tau_s}{\eta_r}\right)\left(\frac{1}{\eta_e} - 1\right)^{\gamma} (1 - \alpha - \beta - \gamma) (1 - \tau_s) \right]^{\frac{1}{\alpha+\beta+\gamma}} \qquad (5 - 14)$$

为了获得要素投入与要素分配之间的边际变化，将资本要素与劳动力要素的分配份额定义如下：

$$\rho = \frac{S_k}{S_L} = \frac{r \cdot k/Y}{w \cdot L/Y} = \frac{r \cdot k}{w \cdot L} \qquad (5 - 15)$$

将式（5-6）和式（5-7）代入式（5-15），得到关于要素分配份额 ρ 和要素投入比例 $\dfrac{l}{k_{pt}}$ 的关系如下：

$$\frac{f\rho}{f(l/k_{pt})} = \frac{f\left(\dfrac{\alpha}{1-\alpha-\beta-\gamma} \leftrightarrow \dfrac{l}{K_{pt}} \leftrightarrow \dfrac{K}{L}\right)}{f(l/k_{pt})} = \frac{\alpha}{1-\alpha-\beta-\gamma} \leftrightarrow \frac{K}{L} > 0 \qquad (5-16)$$

因此，从式（5-16）得出结论：要素投入比例 l/k_{pt} 的提升将导致要素分配份额 ρ 的增加。根据供需平衡理论，假设劳动力供给曲线随着价格上涨而增加，但如果劳动力投入突然增加或减少，供给将平行移动。支出端分权将对要素投入比例 l/k_{pt} 产生积极影响。因此，供给曲线向右移动会改变均衡，使稳态价格低于边际生产成本，最终降低劳动力要素的分配份额。

若把式（5-14）与式（5-16）结合起来分析，将得到如下重要发现：

（1）收入端分权 η_r 的增加导致生产要素分配倾向于资本，从而使劳动报酬下降。式（5-14）直观地展示了这种关系，即收入端分权的增加减少了对地方税 τ_s 的影响，这意味着，从政策制定的角度来看，收入端分权所能保障的税收优惠是吸引外资的能力保证。

（2）我们还可以看到，如果地方资本投入系数 γ 保持不变，支出端分权 η_e 的增加最终会降低资本分配的比例。具体来说，当 η_e 增加 1 个单位 E 时，则要素分配倾向于劳动力 $(E)^\gamma$ 个单位。显然，它少于 1 个单位 E，因为 $0 < \gamma < 1$。地方生产指数的工作方式如下：如果地方生产偏好较少的资本支出，则指数 γ 会放大其负面影响，导致要素分布更倾向于劳动报酬。

从理论分析来看，我们可以得出结论：支出端分权 η_e 与资本——

劳动力分配比之间是负向相关的，而收入端分权 η_r 的作用是正向的。需要指出的是，地方资本投入系数 η_r 和地方税 τ_s 的变化也会对生产要素分配产生重要影响。

第三节　数据、变量与实证模型

理论研究探究了财政分权对生产要素分配的影响机制。接下来的空间估计将继续量化这种影响。考虑到区域间生产要素分布可能是空间相关的，本书将经济和地理权重因素都纳入实证研究。图 5 - 1 清楚地展示了区域间生产要素分配可能在空间上存在相关性的假设。

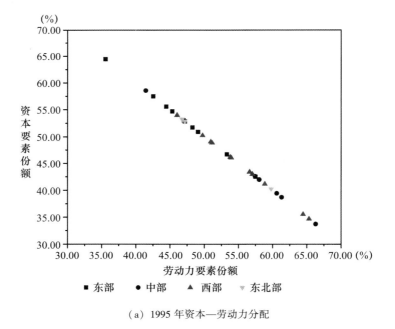

（a）1995 年资本—劳动力分配

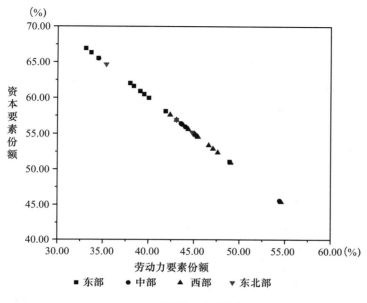

（b）2004 年资本—劳动力分配

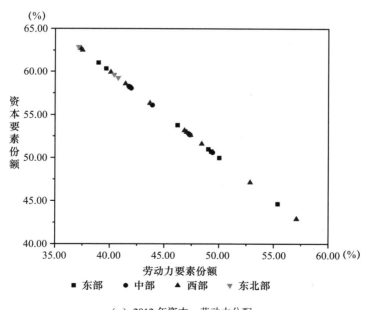

（c）2012 年资本—劳动力分配

图 5 - 1　1995 年、2004 年与 2012 年资本—劳动力分配的时空变化

资料来源：相关年份《中国财政年鉴》和《中国统计年鉴》。

　　我们考虑资本—劳动力分配地在 1995 年至 2012 年的时空变化，分别选取了 1995 年、2004 年和 2012 年全国四大经济区域的省级数据。不难看出，中部和西部地区其劳动力要素分配比例更重，而东部地区更倾向于资本要素分配。值得注意的是，2012 年部分西部省份的资本要素份额也逐渐提升，甚至超过 60%，而少量的东部省份其劳动力要素份额也超过了 50%。这说明资本—劳动力分配在各地区存在显著的时空变化。

一　数据与变量

　　本书重点讨论生产要素分配的构建，以探索其与财政分权的空间相关性。首先利用省级年度报告创建了两个主要变量：税后资本要素分配比例和税后劳动力要素分配比例。为了构建这些变量，本书遵循吕冰洋和郭庆旺（2012）基于中国经验对要素分配的计算，该计算方法的优点是将国民总收入（gross national income，GNI）划分为三个部分：资本、劳动力和政府（税收）。因此，税后资本要素分配（after – tax capital allocation，ACA）和税后劳动力要素分配（after – tax labor allocation，ALA）可以计算如下：

$$ALA = \frac{PLR + PPSIE - PSIC - PLCPPIT}{GNI} \text{①}$$

$$ACA = \frac{POS + PDC - PCIT - PTCCPIT}{GNI} \text{②}$$

　　我们将因变量"生产要素分配"作为税后资本—劳动力分配，

---

　　① 省劳动报酬（provincial labor remuneration，PLR）；省税前社会保险支出（provincial pre-tax social insurance expenditure，PPSIE）；省社会保险费（provincial social insurance contributions，PSIC）；省劳动力个人所得税缴纳部分（provincial labor contribution portion of personal income tax，PLCPPIT）。

　　② 省营业盈余（provincial operating surplus，POS）；省级资本折旧（provincial depreciation of capital，PDC）；省企业所得税（provincial corporate income taxes，PCIT）；省级所得税资本贡献税（provincial taxes on capital contribution portion of income taxes，PTCCPIT）。

以税后资本要素与劳动力要素分配的比率来衡量。自变量是收入端分权和支出端分权，这与本章的理论分析是一致的。所考虑的控制变量是：（1）城乡消费差距（urban-rural consumption gap），是收入不平等的主要来源之一。本书主要揭示地方政府是否注重通过财政政策来抵消这种趋势；（2）失业率（unemployment ratio），是劳动者参与生产过程的另一种衡量标准；（3）经济开放（economic openness），考虑到再分配政策来分析中国政府是否支持更开放和发达的地区；（4）国内生产总值增长（GDP growth），用以控制结构性因素；（5）技术进步（technological progress），用以控制技术的影响。表 5-1 展示了数据的描述性统计，我们的数据涵盖 1995 年至 2013 年的 30 个省份（不含西藏和港澳台地区）。

表 5-1　　　　　　　　　　　数据的描述性统计

变量	符号	数据描述
被解释变量		
资本—劳动力分配	CLD	$ALA = \dfrac{PLR + PPSIE - PSIC - PLCPPIT}{GNI}$ $ACA = \dfrac{POS + PDC - PCIT - PTCCPIT}{GNI}$
解释变量		
收入端分权（财权）	DR	$\dfrac{local\ government^i\ revenue}{provincial\ revenue + central\ revenue}$
支出端分权（事权）	DE	$\dfrac{local\ government^i\ expenditure}{provincial\ expenditure + central\ expenditure}$
控制变量		
城乡消费差距	UR	城乡消费比
失业率	UN	失业率
经济开放度	IE	按原产地进口商品的价值和按原产地在中国的商品出口价值
GDP 增长率	GDPG	GDP 增长率
技术进步	TP	技术创新增长率

注：1. 30 个省份（不含西藏和港澳台地区）数据可在 1995—2013 财政年度内获得。我们选择这个时期是因为中国在 1994 年进行财政分权；2. 值得注意的是，重庆 1997 年成为直辖市，因此，1997 年以前关于重庆的宏观经济数据不存在。

资料来源：国家统计局、相关年份《中国财政年鉴》以及国泰安数据库。

二　空间面板模型

（一）空间杜宾模型

本章建立空间杜宾模型，并通过 LM 及空间 LM 检验判定空间杜宾模型是否会退化到空间误差模型（spatial error model，SEM）和空间滞后模型（spatial lag model，SLM 或 spatial autocorrelation model，SAR）。本书参考 Elhorst（2010）、LeSage、Dominguez（2016）关于空间计量模型设定的研究，建立了包含变量与嵌套权重矩阵的空间计量模型如下：

$$Y_{i,t} = \alpha + \beta^T X_{i,t} + \left(\gamma \sum_{j=1}^{N} W_{i,j} Y_{j,t} \right) + \sum_{k=1}^{k} \left(\rho_k \sum_{j=1}^{N} W_{i,j} X_{k,j,t} \right) + \varepsilon_{i,t} \quad （5-17）$$

其中 $Y_{i,t}$ 代表 t 时间内 i 地区的税后资本—劳动力分配。$X_{k,j,t}$ 中，t 代表年份，k 代表自变量，j 代表地区。$W_{i,j}$ 为空间权重矩阵。下标 $i, j \in [1, N]$ 表示不同地区的空间权重关系。N 为省份。

（二）引入空间权重矩阵

1. 地理邻近空间权重矩阵（CBW）

地理邻近空间权重矩阵又称为"二元邻近矩阵"，其分配规制如下：

$$W_{i,j}^C = \begin{cases} 1, & for \quad i \neq j \text{ 且相邻}; \\ 0, & for \quad i \neq j \text{ 且不相邻}; \\ 0, & for \quad i = j. \end{cases}$$

如果地区 i 和地区 j 相同，赋予其权重为 0；如果地区 i 和地区 j 不同且有共同的地理边界，则赋予其权重为 1；如果地区 i 和地区 j 不同且不存在共同的地理边界，则赋予其权重为 0。

2. 嵌套空间权重矩阵（NW）

嵌套空间权重矩阵，实质上是将两个完全不同的权重矩阵用参数设置的方法统一起来。本章在研究中设定的嵌套空间权重矩阵主要考虑到地理因素和经济因素，将反距离空间权重矩阵（IDW）与经济空间权重矩阵（EBW）相结合，参考 Figueiredo、da Silva（2015）对嵌套空间权重矩阵参数的设定方法，构造如下模型：

$$W_{i,j}^{N}(\varphi) = (1-\varphi) W_{i,j}^{I} + \varphi W_{i,j}^{E}, \quad \varphi \in [0, 1]$$

其中，$W_{i,j}^{I} = \begin{cases} 1/|d_{i,j}|, & i \neq j; \\ 0, & i = j. \end{cases}$　$W_{i,j}^{E} = \begin{cases} 1/|\bar{X}_i - \bar{X}_j|, & i \neq j; \\ 0, & i = j. \end{cases}$

当 φ 越接近于 0 时，W^I 的参数越大，说明嵌套空间权重矩阵对反距离空间权重矩阵赋予的比重越高，其地理因素越重要；当 φ 越接近于 1 时，W^E 的参数越大，说明嵌套空间权重矩阵对经济空间权重矩阵赋予的比重越高，其经济因素越重要。本书为了更好地对比不同的嵌套空间权重矩阵，为 φ 赋予了不同的数值，分别为 0、0.2、0.4、0.6、0.8 和 1，用以考察和研究在空间权重矩阵中，本书的研究对象是地理空间因素占主导地位还是经济空间因素占主导地位。

第四节　实证结果与分析

一　Moran's I 检验

在将 SDM 应用于中国地方政府的宏观数据之前，应该进行 Moran's I 空间相关性检验。该检验值通常在 [-1, 1]，其绝对值越大表示变量的空间自相关性越强。表 5-2 显示基于不同权重矩阵的全局 Moran's I 指数结果。在控制了相关变量之后，生产要素分布显示出显著空间自相关性（高达 0.7—0.8），这证明我们使用空间计量经济模型是正确的。

表 5 - 2   Moran's I 检验

权重矩阵赋值	变量数	Moran's I	Moran's I 统计量	边际概率	平均值	标准差	样本量
CBW	8	0.832	29.023	0.000	-0.002	0.028	589
$\varphi = 0$（IDW）	8	0.748	54.101	0.000	-0.006	0.014	589
$\varphi = 0.2$	8	0.750	33.658	0.000	-0.006	0.022	589
$\varphi = 0.4$	8	0.749	32.692	0.000	-0.006	0.023	589
$\varphi = 0.6$	8	0.748	32.310	0.000	-0.006	0.023	589
$\varphi = 0.8$	8	0.747	32.099	0.000	-0.006	0.023	589
$\varphi = 1$（EBW）	8	0.747	31.965	0.000	-0.006	0.023	589

注：CBW 表示地理邻近空间权重矩阵；IDW 表示反距离空间权重矩阵；EBW 表示经济空间权重矩阵。

二　空间稳健性检验

本章选择最小二乘法（OLS）（第 2 列）作为表 5 - 3 中的基准参考，它表明可能存在空间相关性，并且它更适合于应用空间计量经济模型。为了选择合适的空间面板模型以及适当的模型形式，我们还需测试原假设 H_0^1：$\theta = 0$ 和 H_0^2：$\theta = -\rho\beta$ 是否成立，来检查空间 Durbin 模型是否会削弱退回为空间滞后模型或空间误差模型。表 5 - 3 统计了两个不同模型的估计结果，其中模型 1（第 3 列）是基于地理邻近空间权重矩阵的结果 $W_{i,j}^C$；模型 2（第 4—9 列）是基于嵌套空间权重矩阵 $W_{i,j}^N$，具体来说是经济空间权重和反距离空间权重的双重度量结果。两个模型的 LM 和 R - LM 结果都是显著的，说明在实证分析中 SDM 模型不会退化到 SLM 或者 SEM 中去。不同模型的 Wald 检验结果在 1% 水平下均显著，这表明更广义的空间 Durbin 模型估计是合适的；Hausman 统计结果也在随机效应模型中支持使用 SDM 模型。

表5-3　　基于不同权重矩阵的分权对要素分配的稳健性检验

变量	OLS	模型1	模型2 空间 Durbin 模型					
		CBW	$\varphi=0$ (IDW)	$\varphi=0.2$	$\varphi=0.4$	$\varphi=0.6$	$\varphi=0.8$	$\varphi=1$ (EBW)
DR	0.201*** (-3.398)	-0.052*** (-7.493)	-0.052*** (-9.454)	-0.062* (-1.022)	-0.052*** (-8.959)	-0.052* (-2.211)	-0.052*** (-6.994)	0.052*** (-6.990)
DE	-6.455*** (-6.968)	-0.073 (-1.250)	-0.019 (-0.479)	-1.363* (-1.269)	-0.058* (-1.382)	-0.069* (-1.429)	-0.061* (-1.457)	-0.062* (-1.475)
UR	0.572 (1.006)	0.006 (0.159)	-0.057** (-2.364)	0.674* (1.106)	0.029 (1.228)	0.038 (1.281)	0.031* (1.312)	0.032* (1.333)
UN	-1.088** (-2.329)	-0.001 (-0.032)	0.067*** (3.106)	-0.516* (-0.916)	-0.024 (-1.079)	-0.025 (-1.148)	-0.026 (-1.187)	-0.026 (-1.214)
IE	5.094*** (12.286)	0.026 (0.816)	-0.015 (-0.765)	1.031** (1.855)	0.046** (2.133)	0.049* (2.257)	0.051* (2.332)	0.051* (2.382)
GDPG	1.331*** (4.518)	0.020* (1.214)	-0.001 (-0.049)	0.712** (2.181)	0.029** (2.286)	0.029** (2.316)	0.030* (2.332)	0.030* (2.342)
TP	-0.061* (-1.123)	0.001 (0.214)	0.001 (0.021)	0.010 (0.142)	0.001 (0.192)	0.001 (0.218)	0.019 (0.235)	0.001 (0.246)

续表

变量	OLS	空间 Durbin 模型					
	模型 1	模型 1		模型 2			
	CBW	$\varphi=0$ (IDW)	$\varphi=0.2$	$\varphi=0.4$	$\varphi=0.6$	$\varphi=0.8$	$\varphi=1$ (EBW)
$W \times DR$	0.052 *** (1.887)	0.052 *** (2.203)	0.582 *** (3.682)	0.052 *** (5.150)	0.052 *** (8.294)	0.052 *** (6.689)	0.052 *** (8.838)
$W \times DE$	-0.411 *** (-5.108)	-0.065 *** (-7.052)	-12.937 *** (-6.794)	-0.512 *** (-6.220)	-0.497 *** (-6.219)	-0.495 *** (-6.220)	-0.494 *** (-6.220)
$W \times UR$	0.113 ** (2.245)	0.599 *** (9.036)	6.367 *** (5.433)	0.237 *** (5.150)	0.233 *** (5.084)	0.239 *** (5.048)	0.228 *** (5.025)
$W \times UN$	-0.133 *** (-2.969)	-0.577 *** (-10.064)	6.367 *** (5.433)	-0.264 *** (-6.603)	-0.256 *** (-6.542)	-0.253 *** (-6.509)	-0.252 *** (-6.488)
$W \times IE$	0.317 *** (7.306)	0.471 *** (9.564)	-6.944 *** (-7.003)	0.356 *** (8.851)	0.352 *** (8.825)	0.349 *** (8.810)	0.348 *** (8.800)
$W \times GDPG$	0.130 *** (5.515)	0.024 *** (7.734)	9.322 *** (10.593)	0.170 *** (7.065)	0.168 *** (7.047)	0.167 *** (7.038)	0.167 *** (7.032)
$W \times TP$	-0.001 (-0.059)	-0.006 * (-1.379)	4.429 * (7.288)	-0.001 (-0.212)	-0.001 (-0.226)	-0.001 (-0.235)	-0.001 (-0.242)
$W \times dep.\,var$	0.534 *** (9.600)	0.528 *** (8.584)	-0.526 *** (-0.19)	0.524 *** (7.255)	0.529 *** (7.871)	0.523 *** (6.880)	0.527 *** (7.906)

续表

变量	OLS	模型 1	模型 2 空间 Durbin 模型					
		CBW	$\varphi=0$（IDW）	$\varphi=0.2$	$\varphi=0.4$	$\varphi=0.6$	$\varphi=0.8$	$\varphi=1$（EBW）
teta		0.003 *** (5.853)	0.003 *** (5.567)	0.002 *** (5.408)	0.002 *** (5.246)	0.002 *** (5.075)	0.001 *** (4.664)	0.001 *** (4.312)
LM-lag		417.446 ***	72.862 ***	41.350 ***	37.462 ***	35.681 ***	34.633 ***	33.940 ***
R-LM-lag		0.000	5.795 **	0.022	0.024	0.024	0.024	0.024
LM-error		633.969 ***	153.719 ***	85.894 ***	76.109 ***	71.864	69.424 ***	67.833 ***
R-LM-error		216.522 ***	86.653 ***	44.566 ***	38.670 ***	36.208 ***	34.814 ***	33.916 ***
R-squared	0.421	0.717	0.818	0.641	0.714	0.712	0.710	0.710
Wald-s-lag		254.625 ***	223.895 ***	238.411 ***	213.847 ***	212.978 ***	212.612 ***	212.588 ***
Wald-s-error		206.400 ***	151.000 **	231.432 ***	187.940 ***	188.913 ***	189.463 ***	189.823 ***
H test		-64.175 ***	-67.868 ***	-66.572 ***	-77.089 ***	-77.238 ***	-69.134 ***	-37.514 ***

注：*** 表示在 1% 水平下显著，** 表示在 5% 水平下显著，* 表示在 10% 水平下显著，括号内为 t 值。

估算结果还表明，财政分权权重交互项（$W \times$ 变量）对生产要素分配的影响较大，这证实了我们使用 SDM 而不是一般的面板数据分析方法进行估算的有效性。需要指出的是，财政分权的两个方面，包括收入端分权（财权）和支出端分权（事权），在考虑权重相互作用因素后是不同的，表明在总体效应不变的情况下，需要区分地区内部和地区之间的不同影响。简言之，财政分权对同一地区资本—劳动力分配的积极影响并不排除该地区财政分权政策会对其他地区的资本—劳动力分配产生负面影响这一事实。因此，本书的关键点在于区分收入端和支出端分权对生产要素分配所产生的不同影响，且该影响存在空间异质性。

三 效应分析

表 5-4 显示了 SDM 中累积的直接效应、间接效应和总效应空间估计结果。理论研究提出了财政分权对生产要素分配的影响，这种影响可以通过总效应判断，总效应报告了整个样本不同权重矩阵的标量汇总效应估计。本书还将介绍直接效应和间接效应，因为它会对政策制定提供有益的思考。

（一）资本—劳动力分配与收入端分权

收入端分权 η_r 的增加导致生产要素分配倾向于资本，从而劳动报酬下降。这是因为，中国地方公共品供给存在"政治激励"和"经济激励"双重刺激，直接结果是，为了吸引尽可能多的国内外投资，通过例如优惠税收减免、土地价格补贴甚至特殊定制激励方案的提案（Yan et al.，2010）。然而，这些财政政策只能由地方政府实施，增加收入端分权能够使这些政策成为可能。换句话说，收入端分权的地方政府可以获得更多的自主权来制定自己的财政政策。更重要的是，增加收入端分权的地方政府将发展资本密集型产业，以最快的速度竞争有限的经济资源。一个地区通过更多的税收优惠对邻近地区施加压力以吸引外部投资，这就是收入端分权的溢出效应加剧的原因。无论如何，这两种替代措施将导致更高比例的资本分配而忽视劳动报酬。从理论部分来看，收入端分权的增加减少了地方税τ_s的影响，这意味着，从政策制定的角度来看，收入端分权是吸引外部投资所需税收优惠的能力保证。

从表5-4可以看出，间接效应与直接效应是完全不同的。从计量经济学的角度来看，对系数差异的一种解释是，间接效应代表了落在所有邻近地区的溢出效应的累积，因此它们衡量了解释变量变化对所有地区的总体影响。从公共政策的角度来看，这为制定政策提供了有益的思考，即考虑政策影响时对本地和邻近地区政府都要赋予一定的权重以衡量政策的综合影响。对于直接效应和间接效应方向不同的另一个合理解释是，从政府竞争的角度来看，税收优惠造成地方政府间较为激烈的竞争。如表5-4所示，基于嵌套空间权重矩阵测度的直接效应和间接效应的系数大小存在很大差别，以收入端分权的影响为例，直接效应为-0.084至-0.035，而间接效应为0.424至0.507。因此，与间接效应相比，直接效应可能因为太小而并未对总效应产生重大影响。此外，基于CBW的效应大约是NW的10倍，表明邻近地区正在争夺更高的财务自主权。

（二）资本—劳动力分配与支出端分权

从表5-4可知，支出端分权最终降低了资本分配的比例，直接效应系数为-0.320至-0.972，间接效应系数为-9.592至-12.688。此外，对资本—劳动力分配的总效应（直接效应和间接效应的累积）为-9.912至-13.111，具有1%的统计显著性。这主要是因为具有更多事权下放的地方官员打算扩大其支出项目，以维持其地位或在PTG中获得晋升。如果生产率保持不变，更多的政府投资意味着财政资金撬动社会资金的力度更大，可以为社会创造更多的就业机会，增加劳动力分配的比例。直接影响和间接影响都是负面的原因在于，作为城市主要劳动力供应者——农民工受地区外溢影响较小，即大多数会分配在就业岗位多的大城市和沿海地带。也就是说，一个地区公共开支的增加会吸引来自各个地方的劳动力。

表5-4　　直接效应、间接效应和总效应估计

变量	CBW	NW					
		直接效应					
		φ=0（IDW）	φ=0.2	φ=0.4	φ=0.6	φ=0.8	φ=1（EBW）
DR	-0.291*** (-13.446)	-0.035*** (-6.714)	-0.084* (-1.321)	-0.037*** (-8.755)	-0.038*** (-9.042)	-0.038*** (-9.232)	0.038*** (-9.203)
DE	-0.320*** (-8.242)	-0.422*** (-10.549)	-0.972* (-0.907)	-0.374*** (-8.879)	-0.370*** (-8.415)	-0.371*** (-9.235)	-0.370*** (-8.721)
UR	0.079*** (3.358)	0.360*** (-10.828)	0.475* (0.758)	0.179*** (5.950)	0.176*** (5.845)	0.175*** (5.703)	0.173*** (5.865)
UN	-0.089*** (-4.614)	-0.340*** (-13.264)	-0.289* (-0.506)	-0.191*** (-8.119)	-0.188*** (-7.916)	-0.187*** (-7.702)	-0.186*** (-7.780)
IE	0.228*** (14.357)	0.303*** (-20.983)	0.714* (1.206)	0.268*** (15.843)	0.267*** (16.306)	0.266*** (16.914)	0.267*** (15.624)
GDPC	0.099*** (7.479)	0.160*** (-11.465)	0.581** (1.748)	0.133*** (8.432)	0.131*** (8.593)	0.131*** (9.197)	0.132*** (8.653)
TP	0.005 (0.238)	-0.004* (-1.724)	-0.013 (-0.167)	-0.002 (-0.077)	-0.003 (-0.127)	-0.003 (-0.130)	-0.001 (-0.015)

续表

变量	CBW	NW 间接效应					
		$\varphi=0$ (IDW)	$\varphi=0.2$	$\varphi=0.4$	$\varphi=0.6$	$\varphi=0.8$	$\varphi=1$ (EBW)
DR	-7.156*** (-10.989)	0.507*** (-3.182)	0.502*** (3.673)	0.447*** (3.462)	0.438*** (3.474)	0.428*** (3.439)	0.424*** (3.380)
DE	-9.592*** (-8.239)	-12.688*** (-10.548)	-10.584*** (-6.519)	-11.236*** (-8.879)	-11.112*** (-8.414)	-11.127*** (-9.234)	-11.120*** (-8.721)
UR	2.383*** (3.358)	10.830*** (-10.828)	5.213*** (5.241)	5.390*** (5.950)	5.292*** (5.845)	5.258*** (5.702)	5.205*** (5.865)
UN	-2.671*** (-4.614)	-10.201*** (-13.265)	-5.760*** (-6.857)	-5.726*** (-8.119)	-5.642*** (-7.916)	-5.617*** (-7.701)	-5.580*** (-7.779)
IE	6.842*** (14.351)	9.098*** (-20.981)	7.667*** (10.086)	8.060*** (15.847)	8.006*** (16.303)	7.998*** (16.911)	8.025*** (15.623)
GDPG	2.992*** (7.477)	4.815*** (-11.465)	3.588*** (6.715)	3.991*** (8.430)	3.949*** (8.591)	3.944*** (9.195)	3.977*** (8.651)
TP	0.014 (0.237)	-0.125* (-1.723)	-0.017 (-0.197)	-0.058 (-0.077)	-0.009 (-0.127)	-0.009 (-0.130)	-0.001 (-0.015)

续表

变量	CBW	NW					
		总效应					
		$\varphi=0$（IDW）	$\varphi=0.2$	$\varphi=0.4$	$\varphi=0.6$	$\varphi=0.8$	$\varphi=1$（EBW）
DR	-7.448*** (-11.068)	0.472*** (2.863)	0.479*** (3.219)	0.409*** (3.068)	0.400*** (3.070)	0.390*** (3.030)	0.385*** (2.974)
DE	-9.912*** (-8.239)	-13.111*** (-10.548)	-11.556*** (-9.226)	-11.611*** (-8.879)	-11.483*** (-8.414)	-11.498*** (-9.234)	-11.491*** (-8.721)
UR	2.462*** (3.358)	11.191*** (-10.828)	5.681*** (6.357)	5.570*** (5.950)	5.496*** (5.845)	5.434*** (5.702)	5.378*** (5.865)
UN	-2.760*** (-4.614)	-10.541*** (-13.265)	-6.049*** (-8.640)	-5.917*** (-8.119)	-5.830*** (-7.916)	-5.804*** (-7.701)	-5.766*** (-7.779)
IE	7.070*** (14.351)	9.401*** (20.981)	8.381*** (16.765)	8.329*** (15.841)	8.273*** 16.303	8.265*** (16.911)	8.292*** (15.623)
GDPC	3.092*** 7.477	4.975*** (-11.465)	4.169*** (9.658)	4.124*** (8.430)	4.081*** (8.591)	4.075*** (9.195)	4.109*** (8.651)
TP	0.015 (0.237)	-0.129* (-1.723)	-0.042 (-0.057)	-0.006 (-0.077)	-0.097 (-0.127)	-0.009 (-0.131)	-0.001 (-0.015)

注：*** 表示在1%水平下显著，** 表示在5%水平下显著，* 表示在10%水平下显著，括号内为 t 值。

与上一章关于收入端分权的结果不同，基于 NW 的效果明显大于 CBW 的效果。这可能说明，在经济相关的地区，地方支出的模仿行为比地理上相关的地区对资本—劳动力分配的影响更为显著。

四　进一步讨论

通过理论研究和模型回归，我们阐明了财政分权影响生产要素分配的机制，即收入端分权的强化有利于地方政府吸引投资发展地方经济。通过税收激励，使生产要素分配倾向于资本要素；然而支出端分权的影响是完全不同的，因为公共支出更有可能履行维持社会公平的职责，导致要素分配更倾向于劳动力。然而，我们如何解释图 5 - 2 所示的事实——中国式的财政分权（地方政府支出端分权程度的比重较高）背景下，生产要素分配似乎更倾向于向资本倾斜？

其实我们的理论分析已经给出解释。分析表明，如果地方资本投入系数 γ 保持不变，支出端分权 η_e 的增加最终会降低资本分配的比例。具体来说，当 η_e 增加 1 个单位 E 时，要素分配倾向于劳动力 $(E)^{\gamma}$ 个单位。由公共支出结构决定的系数 γ 会改变要素分配结果。为了充分验证不同支出偏好的内在机制，本章需要补充对扩展模型的分析，基于此，引入公共支出偏好交互项，扩展模型如下：

$$
CLD_{i,t} = \alpha + \beta^T X_{i,t} + \psi^T (X_{i,t} \times pep) + (\gamma \sum_{j=1}^{N} W_{i,j} CLD_{j,t}) + \\
\sum_{k=1}^{k} (\rho_k \sum_{j=1}^{N} W_{i,j} X_{k,j,t} + \upsilon_k \sum_{j=1}^{N} W_{i,j} X_{k,j,t} \times pep) + \varepsilon_{i,t}
\tag{5-18}
$$

其中，$X_{k,j,t}$ 表示 t 年地区 j 的自变量 k，$t = 1995—2013$；$W_{i,j}$ 表示空间权重矩阵，$i,j \in [1, N]$；N 表示空间面板量，在我们的研究中，N 代表 31 个省份。$X_{i,t} \times pep$ 就是交互项，代表公共支出偏好对支出端分权的影响。

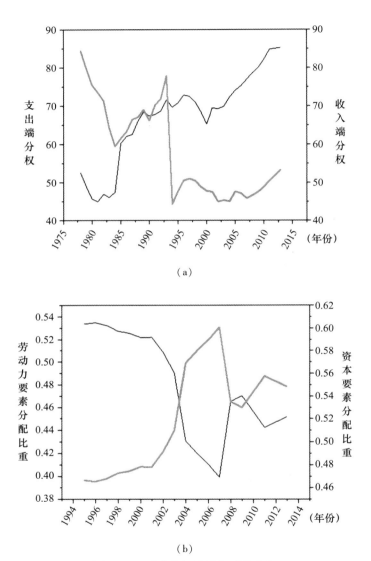

（a）

（b）

图5-2 财政分权结果与要素分配

为了比较不同的支出偏好，我们选择两种差异最大的公共支出：交通支出（transportation expenditure，TE）和社会保障支出（social security expenditure，SSE）。鉴于社会保障支出可以保护低收入群体利益以维持社会公平，那么以社会公平为主要目标的地区应该更加倾向于社会保障支出。如果政府的目标是经济发展或在政府公共品竞赛中赢得好的地位，则经济建设支出的比例应该更高，因为我们选择交通支出来衡量经济导向的公共偏好。所有数据都来自《中国统计年鉴》（1996—2014）。在式（5－18）中，笔者主要关注交互项的系数：ψ 和 υ，它们代表了公共支出偏好对生产要素分配的影响。

表 5－5 列出了考虑公共支出偏好后的估计结果。如前文所述，DR 和 DE 的系数说明对生产要素分配的影响，回归结果也较为显著。财政分权影响资本—劳动力分配的另一个主要机制是公共支出偏好，如交互项 $DE \times TE$ 和 $DE \times SSE$。正如表 5－5 所示，LM 或 R－LM 的检验结果对于部分 CBW 和 NW 权重矩阵是显著的，这证明 SDM 不会退回 SLM 或 SEM。然而，与上一节关于事权下放的结果不同，基于 CBW 的影响显然比 NW 更大更显著。这一结果再次证实，在地理上相互关联的地区，其地方支出模拟行为比经济联系紧密的地区对要素收入分配更为重要。这取决于交通支出的性质，因为地理位置相连的地区更有利于交通合作。地理上相互关联的社会保障支出反映了区域经济发展之间的不平等，如东部地区经济更为活跃。

从前文理论分析中可以看出，我们不应该对这一回归结果——交互项 $DE \times TE$ 和 $DE \times SSE$ 对资本—劳动力分配产生完全不同的影响——而感到惊讶。经济导向的支出 $DE \times TE$ 确实促进了生产要素分配向资本要素倾斜，同时对资本—劳动力分配产生了积极影响。然而，以社会公平为导向的支出将侧重于提高劳动报酬的比例，因为 $DE \times SSE$ 的系数显著为负。

因此，我们可以得出结论，增加支出端分权并不能完全保证地方政府实施更多的公共支出或公共投资使得要素分配倾向于劳动力。

表 5 - 5　财政分权的直接效应、间接效应和总效应分析

变量	CBW	NW					
		$\varphi=0$ (IDW)	$\varphi=0.2$	$\varphi=0.4$	$\varphi=0.6$	$\varphi=0.8$	$\varphi=1$ (EBW)
		直接效应					
DR	4.266*** (10.060)	4.613*** (10.901)	4.629*** (10.630)	4.802*** (10.941)	4.790*** (11.075)	4.801*** (11.185)	4.769*** (10.718)
DE	-0.947*** (-6.294)	-0.941*** (-6.197)	-0.860*** (-5.195)	-0.894*** (-5.380)	-0.881*** (-5.563)	-0.890*** (-5.464)	-0.884*** (-5.527)
$DE \times TE$	0.027*** (20.884)	0.028*** (20.755)	0.029*** (21.176)	0.029*** (20.586)	0.029*** (20.233)	0.029*** (20.682)	0.029*** (20.638)
$DE \times SSE$	-0.001*** (-3.565)	-0.001*** (-3.313)	-0.002*** (-3.759)	-0.002*** (-3.714)	-0.002*** (-3.640)	-0.002*** (-3.543)	-0.002*** (-3.760)
		间接效应					
DR	0.881*** (4.383)	4.074*** (3.818)	-0.759*** (-3.749)	0.248 (0.939)	0.214 (0.845)	0.199 (0.775)	0.179 (0.683)
DE	-0.196*** (-3.675)	-0.832*** (-3.363)	0.141*** (3.171)	-0.046 (-0.924)	-0.039 (-0.831)	-0.036 (-0.755)	-0.033 (-0.672)
$DE \times TE$	0.005*** (4.586)	0.024*** (3.971)	-0.004*** (-3.857)	0.001 (0.945)	0.001 (0.847)	0.001 (0.775)	0.001 (0.687)

续表

变量	CBW	NW					
		$\varphi=0$ (IDW)	$\varphi=0.2$	$\varphi=0.4$	$\varphi=0.6$	$\varphi=0.8$	$\varphi=1$ (EBW)
间接效应							
$DE \times SSE$	-0.000*** (-2.795)	-0.001*** (-2.531)	0.000*** (2.637)	-0.000 (-0.884)	-0.000 (-0.806)	-0.000 (-0.727)	-0.000 (-0.657)
总效应							
DR	5.148*** (10.035)	8.687*** (6.889)	3.869*** (9.051)	5.051*** (9.177)	5.004*** (9.563)	5.001*** (9.297)	4.948*** (8.972)
DE	-1.144*** (-6.141)	-1.774*** (-5.010)	-0.719*** (-4.960)	-0.940*** (-5.176)	-0.921*** (-5.350)	-0.927*** (-5.206)	-0.918*** (-5.216)
$DE \times TE$	0.033*** (18.782)	0.053*** (8.009)	0.024*** (14.710)	0.030*** (13.684)	0.030*** (13.689)	0.030*** (13.878)	0.030*** (13.651)
$DE \times SSE$	-0.002*** (-3.555)	-0.003*** (-3.091)	-0.002*** (-3.723)	-0.002*** (-3.646)	-0.002*** (-3.570)	-0.002*** (-3.490)	-0.002*** (-3.700)
时间固定	YES	YES	YES	YES	YES	YES	YES
空间固定	YES	YES	YES	YES	YES	YES	YES
$W * dep. var.$	0.175***	0.474***	-0.191***	0.047	0.039	0.036	0.033
$R - squared$	0.759	0.749	0.735	0.739	0.740	0.739	0.739
$LM\text{-}lag$	1.132	0.066	3.134*	0.185	0.185	0.191	0.195

续表

变量	CBW	NW					
		$\varphi=0$（IDW）	$\varphi=0.2$	$\varphi=0.4$	$\varphi=0.6$	$\varphi=0.8$	$\varphi=1$（EBW）
R-LM-lag	30.470***	4.965**	0.447	0.162	0.125	0.108	0.098
LM-error	84.085***	28.753***	5.945***	0.026	0.062	0.095	0.121
R-LM-error	113.42***	33.652***	3.257*	0.002	0.002	0.012	0.023

注：*** 表示在 1% 水平下显著，** 表示在 5% 水平下显著，* 表示在 10% 水平下显著，括号内为 t 值。

现实情况是，中国现有的地方政府竞赛主要是为了追求 GDP，这就是经济导向支出将在很长一段时间内成为主导的原因，这将影响中国的生产要素分配格局。因此，该政策含义应该是，地方政府不单单只要调整财政分权结构——正如我们总是强调的那样——建立地方政府合理平衡的财权与事权结构体系，而是应该更多地强调对公共支出偏好的调整。我们必须改变地方政府过度参与经济资源竞争的现状，以维持地方权力和责任相统一。

第五节　本章小结

在工业化和全球化进程中，发展中国家和发达国家都出现了劳动报酬下降的趋势。由于政府掌握着巨大的生产资源并具有很强的干预能力，因此制度安排是否会改善生产要素分配模式成为越来越被关注的话题。本书正是分析了财政分权对生产要素分配的影响，并在此基础上研究了公共支出的偏好效应。

本章的理论分析揭示了财政分权通过地方资本投入系数和地方税来影响生产要素分配的机制，加深了我们对分配方式与制度安排之间关系的认识。我们得出如下结论：（1）收入端分权的增加导致生产要素分配倾向于资本，从而劳动报酬下降，因为收入端分权有助于税收优惠，这是吸引外资的能力保证；（2）支出端分权最终降低了资本分配的比例，这主要是因为，如果生产率保持不变，更多政府投资可以为全社会创造更多的就业机会，增加劳动力分配的比重。除了理论分析外，我们还利用空间 Durbin 模型估计证明了上述两个假设，并且回归结果显著。此外，我们解释了在中国式财政分权背景下——地方政府支出端分权的比例更高——为什么要素分配似乎更倾向于资本，在此基础上我们发现财政支出偏好的不同会对要素分配产生不同的影响。具体来说，以经济发展为导向的支出确实促进了生产要素分配向资本倾斜，即 $DE \times TE$ 对资本—劳动力分配产生了正向影响。然而，以社会公平为导向的财政支出将会提高劳动报酬的比例，因为 $DE \times SSE$ 对资本—劳动力分配的影响显著为负。

　　研究每种机制的运作方式将有助于我们思考更准确的政策意义。值得注意的是，进一步完善财政分权制度是生产要素分配合理化的重要步骤。我们不光要调整财政分权结构，正如我们总是提到要改善"重事权，轻财权"的现状，应更加注重支出偏好的调整，如推进地方政府绩效考核制度，建立双向政治激励和有效转移支付制度，监督地方支出，确保其民主化。此外，从地方税来看，如果我们期望促进生产要素分配，避免过度依赖间接税是非常重要的。

　　虽然本章研究了财政分权对生产要素分配的影响机制，但我们的研究对一些政策性的问题研究得还不够深入，例如，垄断是否影响劳动报酬？制度安排如何影响企业在利润分享中的决策？制度安排和生产要素分配的动态作用如何？此外，本章中的一般均衡模型是有许多简化的假设的，放宽这些假设是进一步研究的重要任务，例如，生产规模不变的假设。最后，深入研究宏观调控工具将有利于实现生产者、消费者和政府之间的三方共赢。

第六章

中国式财政分权、要素市场分割与环境污染

第一节 引言

随着市场化改革的推进，中国的经济发展呈现出高速增长的态势，一度被誉为"增长奇迹"。然而，环境污染越来越严重的事实引起了许多学者的关注（Chen，2017；Vollaard，2017）。据调查显示，中国公民对环境污染的意识越来越强：2014年，地方政府收到了100413封有关环境问题的投诉信，其中东部省份占全国投诉总量的43.3%，分别是中部内陆省份和西部内陆省份的1.4倍和1.7倍（Zheng & Shi，2017）。巧合的是，在印度工业化和全球化的过程中，发展中国家和发达国家都出现了类似的情况（Günther & Hellmann，2017；Tian & Guo，2016），即工业化带来了前所未有的环境问题，且环境污染态势愈演愈烈，直接或间接阻碍了经济增长和社会稳定，正如He（2015）所阐述的，环境问题可能源于制度化因素。与其他许多国家不同的是，中国经济最典型的特征之一是政府控制着巨大的生产资源，具有很强的干预能力（陆铭、陈钊，2009）。因此，在

供给侧结构性改革背景下，探索环境污染的制度成因，意义重大。

图6-1展示了财政分权和环境污染情况。我们看到，地方事权在1994年分税制后逐渐攀升，而财权的变化趋势正好与事权相反，因此地方支出和地方收入的缺口越来越大，这种财政分权结构需要完善。与此同时，环境污染的问题愈发严峻，特别是进入21世纪后，中国的经济发展举世瞩目，但环境问题也日益恶化，如图6-1所示。

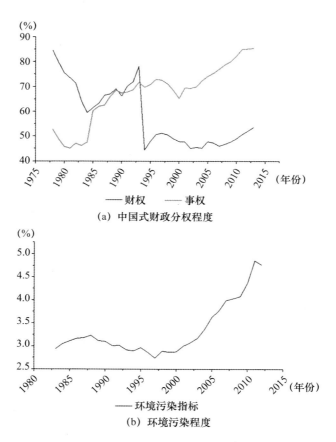

(a) 中国式财政分权程度

(b) 环境污染程度

图6-1 中国财政分权程度与环境污染程度

笔者认为，环境保护作为公共品，与财政分权紧密相关。而环保服务的供给效率是否在财政分权制度下受到抑制？环境污染是否伴随公共品流动性而形成分权下的负外部效应？接下来我们将结合理论和实证着重阐述和分析这些问题。

本章以中国地区数据为例，首先对环境污染进行了特征分析，并研究了地区性环境污染与财政分权和要素市场分割的关系。具体目标如下：（1）基于两部门一般内生增长模型，重点揭示财政分权如何通过要素市场细分影响环境污染的内在机制；（2）定量研究收入端分权或支出端分权对环境污染的影响系数，进而确定一个相对有效的财政分权结构。本章的贡献在于着重探究了要素市场分割在地方污染中的机制作用，并采用空间杜宾模型进行了数据上的验证。此外，我们从财政收入端和支出端的角度，区分对环境污染的不同作用，从而对环境污染治理提供更全面的政策分析，这可以为地区性的环境污染治理提供更全面的政策启示。

本章的结构安排如下：第二节着重阐述财政分权对环境污染的传导机制；第三节对数据、变量与实证模型做一个系统的介绍；第四节是实证结果与分析；第五节是本章小结。

第二节　财政分权对环境污染的传导机制

本节将构建两部门模型，研究要素市场分割背景下财政分权对环境损失的作用机理，揭示要素市场分割、污染物排放约束、社会成本决定与环境损失之间的交互影响。

一　要素市场分割下两部门模型的设定

考虑一个国家包含两个经济辖区 i、j。每个辖区都拥有一个完全内部市场 Y_L 与完全外部市场 Y_E，前者生产自给自足并由其自身的内部市场机制决定，后者产生外溢。

假定作用于社会生产的要素有三种，分别是资本 k、劳动力 L 和

自然资源 R，投入的要素价格外生决定，分别是资本回报率 r、工资率 w 和自然资源价格 p_R。两个区域的劳动力可以自由流动。为最大限度简化模型，突出要素分割的环境影响，假定自然资源只能由内部市场获得并加以利用投资生产，且由于大多数自然资源加工利用行业如冶金、石油等都是资本密集型行业，我们进一步假设对资源利用存在中间品市场，且为固定生产规模的资本密集型市场，即

$$R^i = R\ (p_R,\ k_L),\ \frac{\partial R}{\partial p_R} = v\ 且 \frac{\partial R}{\partial k_L} = v' \qquad (6-1)$$

其中，k_L 为作用于内部市场的资本要素投入。

由于资本要素市场分割的存在，两个区域的资本要素都由外部市场决定，外部市场的投资者享有对资本控制和调配的所有权，并依据资本回报率将充足资金向利率高的生产领域投资，即如果投资者认为内部市场有利可图，则调配大量资金进入，反之亦然。内部市场理性代理人依据自然资源进行自给自足的生产，其经济代理人能够任意分配劳动力资源，即要么投入到内部市场中要么投入到外部市场中。由于资本要素市场的完全分割，内部投资者被动接受资本要素市场分割价格，表现为储蓄是其唯一的资本增量来源，且只能唯一投资于内部市场。在一些发展中国家，农村居民能够自主地利用自然禀赋进行劳动生产，如森林、淡水、煤矿和海洋资源等，并充分利用生态系统的配置和调节功能，实现效用最大化。本书借鉴 Antoci 等（2015）的做法区分内部市场和外部市场，与其不同的是考虑了自然资源要素生产和产品作为中间品，同时受到外部市场资本介入的影响和最终品的环境外溢影响，这有助于更好地分析要素市场分割、排放规制、社会成本决定与环境损失之间的交互影响，也更符合资源利用的实际情况（环境外部性）。两部门的生产函数如下：

$$Y_L = (R_L^i)^\alpha L_L^{1-\alpha} \qquad (6-2)$$

$$Y_E = k_E^\beta L_E^{1-\beta} \qquad (6-3)$$

其中，α、β 为内部市场和外部市场的社会生产系数，且 $0 < \alpha$，

$\beta < 1$；由于劳动力市场的自由流动，L_L 和 L_E 分别为投资于内部市场和外部市场的人力资源，故 $L_L + L_E = L$。对自然资源的利用存在明显的外溢效应，同时该外溢效应反过来对该资源的利用也产生影响，故中间品 $R^i = R + R^j$，其中 i、j 分别表示本地和除本地外的其他地区。

两个市场的消费者依据各自市场的资本积累模式，优化资本、劳动力和自然资源等要素的配置，实现消费者效用最大化，即在两个市场上分别有：

$$\max_{L} \left[(R_L^i)^\alpha L_L^{1-\alpha} + wL_E \right] \tag{6-4}$$

$$\max_{E} \left[k_E^\beta L_E^{1-\beta} - wL_E - rk_E \right] \tag{6-5}$$

式（6-4）和式（6-5）的均衡路径决定了 L 和 k_E 的动态均衡解，我们考虑内部市场和外部市场经济代理人一阶均衡条件的决定如下：

$$\begin{cases} w: (1-\alpha)\ (R_L^i)^\alpha L_L^{-\alpha} = (1-\beta)\ k_E^\beta L_E^{-\beta} \\ r: \beta k_E^{\beta-1} L_E^{1-\beta} = r \end{cases} \tag{6-6}$$

工资决定方面，由于劳动力的自由流动，等式左边是内部市场的单位劳动成本，右边为外部市场的单位劳动成本，最优工资由两部门决定；资本回报率决定方面，由于财政分权导致的要素市场分割（银温泉、才婉茹，2001），外部市场享有决定的资本控制权和分配权，故最优投资率单独由外部市场决定。这是后文分析两部门整体均衡的前提。

二　污染物排放约束

为简单起见，工业"三废"对环境污染的影响可以用排放系数或对自然资源的利用系数直接表示，如

$$e = \iota R \tag{6-7}$$

其中 ι 为对自然资源利用所造成的环境污染系数，如工业"三废"的排放系数。

市场均衡由内部市场和外部市场共同决定，故在排放约束下考

虑最终品市场均衡，得到最优化目标函数：

$$\max_{K,L,R} \left[(R_L^i)^\alpha L_L^{1-\alpha} + K_E^\beta L_E^{1-\beta} - wL - rK_E - p_R R - \lambda (e - \iota R) \right] \qquad (6-8)$$

其中纳入了 λ，为污染物排放的拉格朗日乘数，同时 λ 也可以看成排放约束的影子价格，由下式决定：

$$\lambda (w, r, p_F, e) = \frac{1}{\iota} \left[Y_L \left(\bar{K}, \bar{L}_L, \frac{e}{\iota} \right) + Y_E \left(\bar{K}, \bar{L}_E \right) \right] - \frac{p_F}{\iota} \qquad (6-9)$$

其中，$\bar{K}$、$\bar{L}_L$、$\bar{L}_E$ 分别为最优资本量、内部市场和外部市场的最优劳动力。

对式（6-9）做简单运算处理，得到 $\partial R / \partial e = 1/\iota$ 为排放的边际产品价值；$\lambda + (1/\iota) p_F$ 为排放约束下的社会成本；如果没有排放约束，那么该排放量 e_0 下的社会成本等于私人成本，则 p_F/ι 且 $\lambda (e_0) = 0$。

三　一般均衡

污染物排放与社会成本动态均衡问题，转化为在污染物排放约束条件下解决上述最优化目标函数的问题，中间品市场和最终品市场都是遵循不变规模进行生产，以下的六个等式描述了在排放约束条件下的一般均衡，前三个等式表示不变规模生产的均衡条件，分别为中间品、内部市场和外部市场最终品的单位成本，接下来的三个等式分别表示市场出清条件下劳动力要素、资本要素和中间品的生产均衡：

$$c^R (r) = p_F \qquad (6-10)$$

$$\left[\left(\frac{\alpha}{1-\alpha} \right)^{-\alpha} + \left(\frac{\alpha}{1-\alpha} \right)^{1-\alpha} \right] w^{1-\alpha} p_F^\alpha = 1 \qquad (6-11)$$

$$\left[\left(\frac{\beta}{1-\beta} \right)^{-\beta} + \left(\frac{\beta}{1-\beta} \right)^{1-\beta} \right] w^{1-\beta} r^\beta = 1 \qquad (6-12)$$

$$\left(\frac{\alpha}{1-\alpha} \right)^{-\alpha} \left(\frac{w}{p_F} \right)^{-\alpha} Y_L + \left(\frac{\beta}{1-\beta} \right)^{-\beta} \left(\frac{w}{r} \right)^{-\beta} Y_E = \bar{L} \qquad (6-13)$$

$$\frac{\partial c^R (r)}{\partial r} \left(\frac{e}{\iota} - R^i \right) + \left(\frac{\alpha}{1-\alpha} \right)^{1-\alpha} \left(\frac{w}{p_F} \right)^{1-\alpha} Y_L + \left(\frac{\beta}{1-\beta} \right)^{1-\beta} \left(\frac{w}{r} \right)^{1-\beta} Y_E = \bar{K}$$

$$(6-14)$$

$$\frac{\partial c^L\ (r,\ w,\ p_F)}{\partial p_F}Y_L = \frac{e}{\iota} \qquad (6-15)$$

其中，由式（6-7）可知，$R^i = \dfrac{e}{\iota}$ 为内部市场的要素资源利用与污染物排放的关系。

外生参变量给定，分别是劳动力、资金要素 $\bar{L}$、$\bar{K}$；资源要素 R 的社会最终品市场价格 p_R；排放量水平 e。内生变量分别是本经济辖区内的总资源利用 R^i、辖区外的资源利用对辖区内资源利用的外溢 R^j、资本回报率 r，工资率 w 和排放约束的影子价格 λ。

考虑不变规模生产的均衡条件，分别为中间品［式（6-16）］、内部市场［式（6-17）］和外部市场［式（6-18）］最终品的单位成本，以及市场出清条件下劳动力要素［式（6-19）］、资本要素［式（6-20）］和中间品［式（6-21）］的生产均衡，最后纳入污染物排放约束［式（6-22）］：

$$c^R\ (r)\ =\min_{K_L}\ (r,\ K_L):\ R\ (K_L)\ =p_F \qquad (6-16)$$

$$c^L\ (r,\ w,\ p_F)\ =\min_{K_L,L_L,R}\ (p_F R_L + wL_L):\ Y_L\ (\bar{K},\ \bar{L}_L,\ \frac{e}{\iota})\ =1 \quad (6-17)$$

$$c^E\ (r,\ w)\ =\min_{K_L,L_L,R}\ (rK_E + wL_E):\ Y_E\ (\bar{K},\ \bar{L}_E)\ =1 \qquad (6-18)$$

$$\frac{\partial c^L\ (r,\ w,\ p_F)}{\partial w}Y_L + \frac{\partial c^E\ (r,\ w)}{\partial w}Y_E = \bar{L} \qquad (6-19)$$

$$\frac{\partial c^R\ (r)}{\partial r}\ (R^i - R^j)\ + \frac{\partial c^L\ (r,\ w,\ p_F)}{\partial r}Y_L + \frac{\partial c^E\ (r,\ w)}{\partial r}Y_E = \bar{K} \quad (6-20)$$

$$\frac{\partial c^L\ (r,\ w,\ p_F)}{\partial p_F}Y_L = R^i \qquad (6-21)$$

$$e = \iota R^i \qquad (6-22)$$

将最后一个污染物排放约束式（6-22）代入前面的一般均衡条件中得出一阶均衡解：

$$\begin{pmatrix} 0 & c_r^R & 0 & 0 & 0 & 0 \\ c_w^L & c_r^L & \iota c_p^L & 0 & 0 & 0 \\ c_w^E & c_r^E & 0 & 0 & 0 & 0 \\ c_{w^2}^L + c_{w^2}^E & c_{wr}^L + c_{wr}^E & \iota c_{wp}^L Y_L & 0 & c_w^L & c_w^E \\ c_{rw}^L + c_{rw}^E & c_{r^2}^L + c_{r^2}^E & \iota c_{rp}^L Y_L & c_r^R & c_r^L & c_r^E \\ c_{pw}^L & c_{pr}^L & \iota c_{p^2}^L Y_L & 0 & c_p^L & 0 \end{pmatrix} \begin{pmatrix} dw \\ dr \\ d\lambda \\ -dR^j \\ dY_L \\ dY_E \end{pmatrix} = \begin{pmatrix} -1 \\ c_p^L \\ 0 \\ c_{wp}^L Y_L \\ c_{rp}^L Y_L \\ c_{p^2}^L Y_L \end{pmatrix} \quad (6-23)$$

记最左边的行列式为 A，若将向量 c 取代第三列，由克莱姆法则可知，

$$\mathrm{d}\lambda = \frac{|A^\lambda|}{|A|} \quad (6-24)$$

由此得

$$|A^\lambda| = \mathrm{d}p_F \begin{vmatrix} 0 & c_r^R & 0 & 0 & 0 \\ c_w^E & c_r^E & 0 & 0 & 0 \\ c_{w^2}^L + c_{w^2}^E & c_{wr}^L + c_{wr}^E & 0 & c_w^L & c_w^E \\ c_{rw}^L + c_{rw}^E & c_{r^2}^L + c_{r^2}^E & c_r^R & c_r^L & c_r^E \\ c_{pw}^L & c_{pr}^L & 0 & c_p^L & 0 \end{vmatrix} -$$

$$\frac{\mathrm{d}p_F}{\iota} \begin{vmatrix} 0 & c_r^R & 0 & 0 & 0 & 0 \\ c_w^L & c_r^L & \iota c_p^L & 0 & 0 & 0 \\ c_w^E & c_r^E & 0 & 0 & 0 & 0 \\ c_{w^2}^L + c_{w^2}^E & c_{wr}^L + c_{wr}^E & \iota c_{wp}^L Y_L & 0 & c_w^L & c_w^E \\ c_{rw}^L + c_{rw}^E & c_{r^2}^L + c_{r^2}^E & \iota c_{rp}^L Y_L & c_r^R & c_r^L & c_r^E \\ c_{pw}^L & c_{pr}^L & \iota c_{p^2}^L Y_L & 0 & c_p^L & 0 \end{vmatrix} \quad (6-25)$$

令

$$B = \begin{pmatrix} 0 & c_r^R & 0 & 0 & 0 \\ c_w^E & c_r^E & 0 & 0 & 0 \\ c_{w^2}^L + c_{w^2}^E & c_{wr}^L + c_{wr}^E & 0 & c_w^L & c_w^E \\ c_{rw}^L + c_{rw}^E & c_{r^2}^L + c_{r^2}^E & c_r^R & c_r^L & c_r^E \\ c_{pw}^L & c_{pr}^L & 0 & c_p^L & 0 \end{pmatrix} \quad (6-26)$$

可分别计算 A、B 的行列式，如下：

$$|B| = c_r^R \begin{vmatrix} c_w^E & 0 & 0 & 0 \\ c_{w^2}^L + c_{w^2}^E & 0 & c_w^L & c_w^E \\ c_{rw}^L + c_{rw}^E & c_r^R & c_r^L & c_r^E \\ c_{pw}^L & 0 & c_p^L & 0 \end{vmatrix} = c_r^R c_w^E c_r^R \ (-c_p^L c_w^E) \ = \ -(c_r^R c_w^E)^2 c_p^L$$

$$(6-27)$$

$$|A| = c_r^R \begin{vmatrix} c_w^L & \iota c_p^L & 0 & 0 & 0 \\ c_w^E & 0 & 0 & 0 & 0 \\ c_{w^2}^L + c_{w^2}^E & \iota c_{wp}^L Y_L & 0 & c_w^L & c_w^E \\ c_{rw}^L + c_{rw}^E & \iota c_{rp}^L Y_L & c_r^R & c_r^L & c_r^E \\ c_{pw}^L & \iota c_{p^2}^L Y_L & 0 & c_p^L & 0 \end{vmatrix} =$$

$$(6-28)$$

$$(c_r^R)^2 \begin{vmatrix} c_w^L & \iota c_p^L & 0 & 0 \\ c_w^E & 0 & 0 & 0 \\ c_{w^2}^L + c_{w^2}^E & \iota c_{wp}^L Y_L & c_w^L & c_w^E \\ c_{pw}^L & \iota c_{p^2}^L Y_L & c_p^L & 0 \end{vmatrix} =$$

$$(c_r^R) \ 2c_w^{CE} \begin{vmatrix} \iota c_p^L & 0 & 0 \\ \iota c_{wp}^L Y_L & c_w^L & c_w^E \\ \iota c_{p^2}^L Y_L & c_p^L & 0 \end{vmatrix} = \iota \ (c_r^R c_w^E c_p^L)^2$$

由式（6-24）、式（6-22）和式（6-27）、式（6-28）可知

$$\frac{d\lambda}{dp_F} = -\frac{1}{\iota} + \frac{-(c_r^R c_w^E)^2 c_p^L}{\iota (c_r^R c_w^E c_p^L)^2} = -\frac{1}{\iota}\left(1 + \frac{1}{c_p^L}\right)$$

由于

$$c_p^L = \alpha \ (L_L R_L)^{1-\alpha} \frac{\partial R}{\partial p_R} \frac{\partial p_R}{\partial p} = \alpha \ (L_L R_L)^{1-\alpha} \upsilon$$

故得出在要素分割的背景下，污染物排放量与社会成本的关系：

$$\frac{d\lambda}{dp_F} = -\frac{1}{\iota}\left(1 + \frac{(L_L R_L)^{\alpha-1}}{\alpha \upsilon}\right) \tag{6-29}$$

其中，$\upsilon = \partial R/\partial p_R$ 外生决定且为固定值［式（6-1）］。

式（6-16）概括了社会最终品市场的资源价格与污染物排放的影子价格之间的边际变化，可以得出该边际变化由两部分组成：一

方面衡量了社会最终品市场上内部市场和外部市场的资源要素价格对污染物排放的影子价格的等增量变化 $-1/\iota$；另一方面表达了资源要素价格对中间品市场的要素价格冲击，如果资源要素价格提高，中间品市场是生产部分，会吸引大量资金要素。由于要素市场分割，对资金要素的调配权始终掌握在外部市场的投资者手中，并依据资金回报率最大化来分配资金要素，因此要素价格的提高将导致中间品市场资本要素和资源要素的重新配置，最终继续以 $(L_L R_L)^{\alpha-1}/\alpha v$ 的边际变动量负向影响污染物排放约束的影子价格。

以资源要素价格简单表示社会生产的社会成本（它区别于私人成本，前者考虑对资源的利用所产生的环境负外部性），排放约束的影子价格表示资源要素的最优配置，同时也是资源要素的边际增量所引起的社会福利增量的变化。

图 6-2 清晰地反映了最终品市场的资源价格（社会成本）与污染物排放的影子价格之间两种不同效应的边际变化，图 6-2（a）仅考虑了第一种效应，即社会最终品市场上内部市场和外部市场的资源要素价格对污染物排放的影子价格的等增量变化 $-1/\iota$，在 A 点 $\left[e'(p), \dfrac{p'_R}{\zeta} \right]$ 由于排放量变化 Δ，社会成本的增量变化为 $\dfrac{1}{\zeta}$，故 B 点在 $\left[e(p), \dfrac{p_R}{\zeta} \right]$ 位置上；考虑中间品市场要素价格变化导致的要素重新分配，见图 6-2（b），A 点 $\left[e'(p), \dfrac{p'_R}{\zeta} \right]$ 额外导致了中间品市场 $\dfrac{(L_L R_L)^{\alpha-1}}{\alpha v}$ 的要素分配，影响其资源要素价格，最终影响社会成本，改变了边际变化量，故 B' 点为 $\left[e(p), \dfrac{p_R}{\zeta}\left(1 + \dfrac{(L_L R_L)^{\alpha-1}}{\alpha v} \right) \right]$。

推断 6-1　在要素分割市场上，工业三废等污染物排放量加剧社会成本。

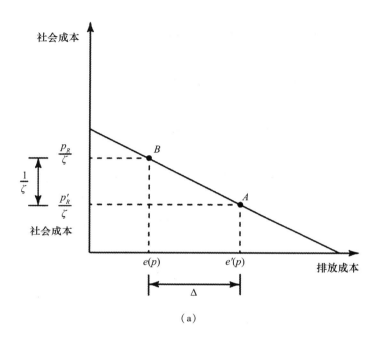

（a）

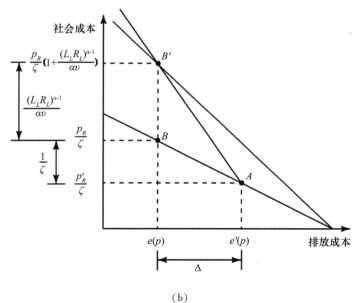

（b）

图6-2　市场要素分割下的社会成本与污染物排放

四　要素市场分割与环境损失加剧

前文分析了排放量与社会成本的关系，即由于存在资本市场的要素分割，资源要素价格变化影响了中间品市场的要素分配，导致决定资本流动的外部市场为获得较高的投资回报率重新分配资本要素，在最终品市场资源要素价格对污染物排放的影子价格等增量变化 $-1/\iota$ 时，引致中间品市场 $(L_L R_L)^{\alpha-1}/\alpha v$ 的边际变动量负向影响污染物排放约束的影子价格。污染物排放的增大引起社会成本的提高。图 6-3 则是在此基础上分析了社会成本的提高与环境负外部性的关系。

从全社会福利的角度考察污染物排放导致社会成本增大的社会外部性后果，需要明确社会生产的社会成本（MSC）和私人成本（MPS）之间的关系，即在考虑负外部性存在和生产边际收益保持一定的前提下，私人部门的社会产出量要高于社会所能承受的最优产出量，高出的部分用社会损失表示，即环境负外部性三角形 OMN，见图 6-3（a）。从（a）到（b）描述了社会成本提高所产生的环境负外部性的增强 $O'ONN'$，相应的边际损失也从 MD 提高到 MD'。

假定生产者和消费者的社会产品等价，随着社会生产成本的提高，社会产品的均衡数量从 $Q^*(p)$ 上升为 $Q^{*'}(p)$，随着包含社会成本的最优社会产量的降低，若生产者在 $Q^{*'}(p)$ 水平上生产，会使得生产者损失从 NMb 扩大至 $N'Ma$，消费者获得从 OMbN 上升到 $O'MaN'$。二者的差额正是生产部门在私人边际成本曲线上生产最优产量所造成的社会损失。环境的零污染从社会角度上考虑是不存在的，找到合适的排污量才能达到帕累托最优。

推断 6-2　社会成本的加剧使得环境损失三角形区域扩大，社会福利降低。

从上述分析可以看到，在要素市场分割背景下，财政分权的环境污染效应明显增强，正如张晏和龚六堂（2005）所指出的，由于要素本身的流动性，地方政府的税收和支出行为会对其他地方产生

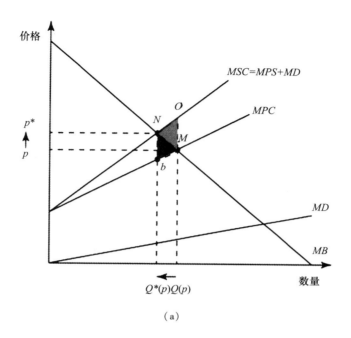

（a）

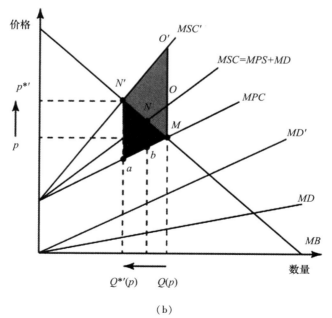

（b）

图 6 - 3　污染物排放导致的社会成本提高与环境负外部性

外部性。在讨论环境这一特殊公共品供给时——不仅具有公共品非竞争非排他性，更具有空间上的外溢性——有必要引入空间计量方法，从而分析一个地方的财政分权如何影响本辖区以及辖区外的环境污染程度，并探讨财政分权以及财政分权与基于地理和基于经济的要素市场分割是否在统计上和经济上具有显著性，进而定量探究其直接效应、间接效应和总效应，这是实证部分的研究重点。

第三节　数据、变量与实证模型

一　指标选取及说明[①]

考虑到稳健性和部分数据的可获得性，本书剔除了西藏、港澳台地区的截面数据，同时因为重庆是 1997 年新立直辖市，故采用 1998—2015 年的共计 30 个省级平衡面板数据对财政分权的环境效应进行检验。表 6 – 1 是各个变量指标定义和描述性统计。

（一）被解释变量

环境污染。应用熵权法，建立了由工业生产所导致的"三废"排放总量（废水、废气以及固体废物）组成的环境污染变量测量方法[②]。然后，根据年末土地总面积计算各指标的密度，并采用熵权法

---

① 本章所有数据均来源于《中国统计年鉴》。

② 具体方法如下，首先，对原始数据进行无量纲化处理：$U''_{ij} = \dfrac{x_{ij} - \min\ (x_{ij})}{\max\ (x_{ij})\ -\min\ (x_{ij})}$，$i = 1, 2, \cdots, m, j = 1, 2, \cdots, n$。其中 X_{ij} 表示第 i 个省份第 j 个排放指标。其次，通过 $U'_{ij} = U''_{ij} + 1$ 进行坐标平移，$U_{ij} = U'_{ij} / \sum_{i=1}^{m} U'_{ij}$ 计算第 i 个省份第 j 个排放指标的比重，再计算熵值 E_j 和差异系数 F_j，$E_j = -1/\ln m\ \big[\ \sum_{i=1}^{m} U_{ij} \ln(U_{ij})\ \big]$，$F_j = 1 - E_j$。再次，通过 $W_j = F_j / \sum_{j=1}^{n} F_j$ 计算第 j 个排放指标的权重。最后，利用 $NU_i = \sum_{j=1}^{n} W_j U_{ij}$ 得到环境污染综合指数。另，在最终的计量分析中对最终指标进行了千分处理，以使得计量结果更加方便观测与分析。

表 6 - 1　指标说明与描述性统计

	变量	符号	数据描述	均值	最大值	最小值
被解释变量	环境污染	EP	工业生产废气排放总量、工业生产废水排放总量和工业生产固体废物倾倒总量（使用熵权法）	3.2438	4.4943	2.6981
解释变量	收入端分权	DR	$\dfrac{local\ government^i\ revenue}{provincial\ revenue + central\ revenue}$	1.6103	7.0823	0.1023
	支出端分权	DE	$\dfrac{local\ government^i\ expenditure}{provincial\ expenditure + central\ expenditure}$	2.5333	7.6458	0.3756
	基于地理的要素市场分割	C	基于全球参考价格模型的要素配置效率指标	0.3823	2.5489	0.0000
	基于经济的要素市场分割	E	基于 DEA 混合模型的因子分配效率指标	0.3205	2.0536	0.0000
经济类别						
控制变量	GDP 增长率	$GDPG$	GDP 增长率	14.8650	32.2740	0.5866
	对外直接投资	FDI	对外直接投资	2.6617	13.5272	0.0676
	城乡收入差距	UR	城市年平均收入水平/农村年平均收入水平	3.0976	7.0521	1.6604
	工业现代化	IS	第二产业产值与第三产业产值之比	47.1501	61.5000	19.8000
	技术进步	TP	技术增长率	3.2696	51.4952	0.0000
	财政赤字	FD	同年同级财政收入与财政支出的差额	5.5798	8.0162	0.0000
社会类别						
	城市化人口	U	城镇人口占总人口比重	48.3122	91.8775	21.0500
	交通污染	TD	货运和客运量与土地面积的区域比率	14.5584	199.5796	0.0631

资料来源：国家统计局。

对"三废"排放总量指标进行密度标准化，构建最终的环境污染测度指标。采用熵权法可以有效地减小主观权重带来的误差（蓝庆新、陈超凡，2013）。

（二）解释变量

在本书的实证分析中有两个主要的自变量。一是财政分权，包括收入端分权（DR）和支出端分权（DE）。笔者从横向和纵向两个维度刻画了财政分权的收入端和支出端，具体方法参见第三章。二是要素市场分割。要素市场分割指标的计算基于比价法（金培振等，2015）和"冰山成本"模型（Samuelson，1954）。为了进行稳健性检验，笔者选择了两种类型的要素市场分割，即基于地理的要素市场分割和基于经济的要素市场分割。利用财政分权与要素市场分割的交互项来考虑财政分权对环境污染的影响，定义收入端分权和基于地理因素的要素市场分割的交互项（DR×C）、收入端分权和基于经济要素的要素市场分割的交互项（DR×E）、支出端分权和基于地理因素的要素市场分割的交互项（DE×C）以及支出端分权和基于经济要素的要素市场分割的交互项（DE×E）。

（三）控制变量

我们在选取控制变量时，主要考虑两个类别，分别是经济类别和社会类别。从经济影响变量来看，经济增长率和对外直接投资是首先考虑的，其选取依据是环境的库兹涅茨曲线；其次，我们引入了城乡居民收入差距这一指标，用城市年平均收入水平与农村年平均收入水平的比值来衡量，因为城乡收入差距越大，越容易使得低收入人群依赖自然资源来维持生计，因而加剧环境污染；再次，工业现代化（第二产业产值与第三产业产值之比）和技术进步（技术增长率）也是影响环境污染的重要变量，我们知道，产业布局，特别是第二产业的布局，是影响环境地区变化的重要因素，同时技术进步能为我们控制污染、改善污染提供技术支持；最后，我们还纳入了财政赤字这一因素，因为地方政府的投资性支出越大越容易造成地区性的重复建设，加剧污染。从社会影响变量来看，城市化人口和交通污染是我们主要考虑的因素，分别用城镇人口占总人口比重、货运和客运量与土地面积的区域比率来衡量。

二 空间计量模型

（一）空间杜宾模型

本章建立空间杜宾模型，并通过 LM 及空间 LM 检验判定空间杜宾模型是否会退化到空间误差模型（spatial error model，SEM）和空间滞后模型（spatial lag model，SLM 或 spatial autocorrelation model，SAR）。我们参考 Elhorst（2010），LeSage、Dominguez（2016）关于空间计量模型设定的研究，建立了包含变量与嵌套权重矩阵的空间计量模型如下：

$$Y_{i,t} = \alpha + \beta^T X_{i,t} + \left(\gamma \sum_{j=1}^{N} W_{i,j} Y_{j,t}\right) + \sum_{K=1}^{K} \left(\rho_K \sum_{j=1}^{N} W_{i,j} X_{K,j,t}\right) + \varepsilon_{i,t} \quad (6-30)$$

其中 $Y_{i,t}$ 代表使用熵权法所确立的工业"三废"污染。$X_{K,j,t}$ 中，t 代表年份，K 代表自变量，j 代表地区，如可以表示 2011 年北京地区的要素市场分割程度。$W_{i,j}$ 是我们设定的空间权重矩阵。下标 i，$j \in [1，N]$ 表示不同地区的空间权重关系。N 为省份。

（二）引入空间权重矩阵

1. 地理邻近空间权重矩阵（CBW）

地理邻近空间权重矩阵的分配规制如下：

$$W_{i,j}^{C} = \begin{cases} 1, & for \quad i \neq j \text{ 且相邻；} \\ 0, & for \quad i \neq j \text{ 且不相邻；} \\ 0, & for \quad i = j. \end{cases}$$

如果地区 i 和地区 j 相同，赋予其权重为 0；如果地区 i 和地区 j 不同且有共同的地理边界，则赋予其权重为 1；如果地区 i 和地区 j 不同且不存在共同的地理边界，则赋予其权重为 0。

2. 嵌套空间权重矩阵（NW）

嵌套空间权重矩阵，实质上是将两个完全不同的权重矩阵用参数设置的方法统一起来。我们在研究中设定的嵌套权重矩阵主要考虑到地理因素和经济因素，将反距离空间权重矩阵（IDW）与经济空间权重矩阵（EBW）相结合，参考 Figueiredo、da Silva（2015）对嵌套权重矩阵参数的设定方法，构造如下模型：

$$W_{i,j}^{N}(\varphi) = (1-\varphi)W_{i,j}^{I} + \varphi W_{i,j}^{E}, \quad \varphi \in [0, 1]$$

其中，$W_{i,j}^{I} = \begin{cases} 1/|d_{i,j}|, & i \neq j; \\ 0, & i = j. \end{cases}$　　$W_{i,j}^{E} = \begin{cases} 1/|\bar{X}_i - \bar{X}_j|, & i \neq j; \\ 0, & i = j. \end{cases}$

φ 越接近于 0 时，W^I 的参数越大，说明嵌套空间权重矩阵对反距离空间权重矩阵赋予的比重越高，其地理因素越重要；当 φ 越接近于 1 时，W^E 的参数越大，说明嵌套空间权重矩阵对经济空间权重矩阵赋予的比重越高，其经济因素越重要。本书为了更好地对比不同的嵌套空间权重矩阵，为 φ 赋予了不同的数值，分别为 0、0.2、0.4、0.6、0.8 和 1，用以考察和研究在空间权重矩阵中，我们的研究对象是地理空间因素占主导地位还是经济空间因素占主导地位。

第四节　实证结果与分析

一　Moran's I 检验

在将 SDM 应用于中国地方政府的宏观数据之前，应该进行 Moran's I 空间相关性检验。表 6-2 显示了基于地理和经济两个不同市场要素分割的全局 Moran's I 指数的面板数据计算的环境污染的结果。在控制了一组相关变量之后，环境污染显示出显著的空间自相关性，高达 0.069—0.151。

表 6 - 2 面板数据 Moran's I 的检验结果

	CBW	$\varphi = 0$ (IDW)	$\varphi = 0.2$	$\varphi = 0.4$	$\varphi = 0.6$	$\varphi = 0.8$	$\varphi = 1$ (EBW)
要素地理邻近（C）	0.151** (2.112)	0.103*** (2.226)	-0.078* (0.023)	-0.077* (0.039)	-0.071* (0.016)	-0.070* (0.077)	-0.069* (0.089)
要素经济邻近（E）	0.184** (2.338)	0.132** (2.332)	0.085* (0.018)	0.084* (0.018)	0.084* (0.044)	0.083* (0.062)	0.083* (0.075)

注：*** 表示在 1% 水平下显著、** 表示在 5% 水平下显著、* 表示在 10% 水平下显著，括号内为 t 值。

上述 Moran's I 指数显示我们所选取变量具有较高的空间相关性，基于此，我们分别绘制了环境污染、财政收入端分权、财政支出端分权、基于地理的要素市场分割以及基于经济的要素市场分割的时空变化图，如图 6 - 4 所示。①从环境污染的空间变化来看，如图 6 - 4（a）（b），其地区变化的跨越度十分明显，1998 年主要的环境污染来自东部地区和中部地区，而 2015 年西部地区的污染普遍加强，但东部地区依然在高污染行列；②从地方政府财权和事权下放程度来看，如图 6 - 4（c）（d），其空间态势并不明显，1998 年至 2015 年，东部地区、中部地区和西部地区的中国式财政分权程度并没有呈现出巨大的变化，在保持空间不变的态势下，其地区内部的分权程度逐步提高；③从要素市场分割来看，如图 6 - 4（e）（f），其空间布局在 1998 年至 2015 年存在明显的地区性差异，总体上来说，西部地区的要素市场分割——无论是基于地理的还是基于经济的——在逐渐加强，这一趋势与环境污染的趋势相吻合。这在一定程度上证实了我们关于要素市场分割对环境污染的作用有增强趋势的猜想。

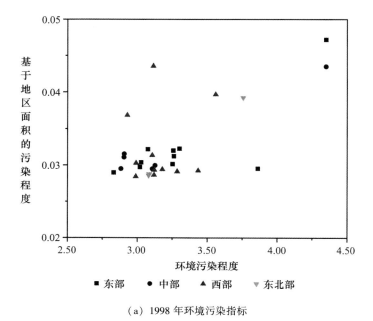

（a）1998 年环境污染指标

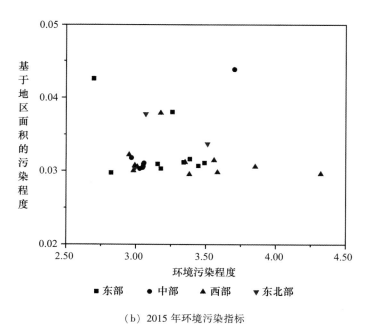

（b）2015 年环境污染指标

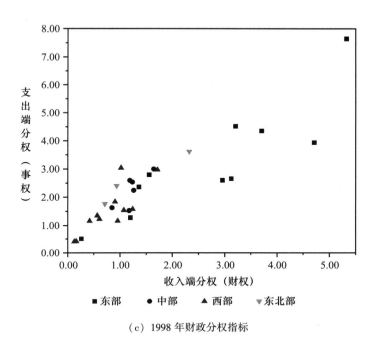

（c）1998 年财政分权指标

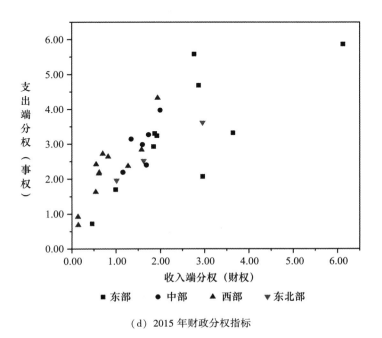

（d）2015 年财政分权指标

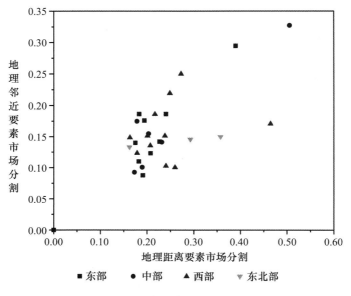

（e）1998 年要素市场分割指标

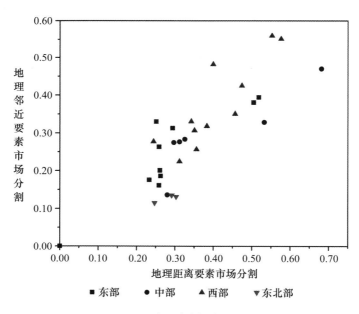

（f）2015 年要素市场分割指标

图 6 - 4 污染与财政分权的时空分布

二　空间效应检验

我们选择最小二乘（OLS）方法（第 2 列）作为表 6-3 中的基准回归，用于参考空间 Durbin 模型回归的结果是否稳健。结果表明，空间相关性是存在的，并且财政分权对环境污染的影响这一论题更适合于应用空间计量经济模型来模拟参数影响。表 6-3 还提供了两种不同模型的估计结果，其中，模型 1 是基于地理邻近空间权重矩阵估算的结果，而模型 2 是基于反距离空间权重和经济空间权重的双重测量的估算结果，我们依据嵌套空间权重参数设置的不同将模型分化为 6 个小模型，分别是 φ 为 0、0.2、0.4、0.6、0.8 和 1，用以考察和研究在空间权重矩阵中，财政分权对环境污染的影响是地理空间因素占主导地位还是经济空间因素占主导地位。从两个模型来看，LM 或 R-LM 的检验结果都是显著的，说明 SDM 不会减弱回归到 SLM 或 SEM。不同模型的 Wald 检验结果在 1% 水平下都是显著的，这表明更广义的 SDM 估计对于我们的样本和研究对象是合适的；Hausman 测试结果在统计上也支持随机效应模型下的 SDM 空间回归。我们发现：①财权和事权对环境污染的影响具有显著的差异性，二者的作用恰好相反；②对比 OLS 回归结果与空间计量回归结果，发现 OLS 回归并没有空间计量显著性强，说明财政分权对环境污染的影响这一论题更适合于应用空间计量经济模型来模拟参数影响；③对比财政分权和财政分权与要素市场分割交互项的影响系数可以看出，引入要素市场分割因子后，财政分权对环境污染的显著性有所提高，且影响系数增强，说明要素市场分割确实起到了加剧环境污染的作用，这一结论证实了我们关于要素市场分割恶化环境污染的假设。

从控制变量来看，整体结果也显示出较好的显著水平：①地方经济增长率对环境污染的贡献为正，说明中国的地方经济发展可能存在损害环境的行为，因此我们依然要坚持走可持续发展之路；②对外直接投资水平在经济权重矩阵的估算结果中表现不显著，说

表6-3　财政分权、区域要素市场分割影响环境污染的空间效应检验

空间 Durbin 模型：地理邻近空间权重矩阵与嵌套空间权重矩阵回归

变量	OLS	CBW 基准回归	CBW 要素回归	φ=0 (IDW) 基准回归	φ=0 (IDW) 要素回归	φ=0.2 基准回归	φ=0.2 要素回归	φ=0.4 基准回归	φ=0.4 要素回归	φ=0.6 基准回归	φ=0.6 要素回归	φ=0.8 基准回归	φ=0.8 要素回归	φ=1 (EBW) 基准回归	φ=1 (EBW) 要素回归
DR	0.067*** (2.391)	0.029** (0.879)		0.053*** (1.884)		0.047** (1.608)		0.042** (0.042)		0.04* (1.348)		0.031** (0.089)		0.038** (0.288)	
DE	-0.096*** (-3.717)	-0.093*** (-3.227)		-0.063*** (-2.378)		-0.114*** (-4.159)		-0.112*** (-4.113)		-0.111*** (-4.096)		-0.083*** (-3.24)		-0.111* (-1.086)	
$DR \times C$			0.108** (1.254)												
$DE \times C$			-0.172*** (-2.562)												
$DR \times E$					0.041** (0.024)		0.046** (0.007)		0.02* (-0.018)		0.033** (0.053)		0.040** (0.435)		0.045** (0.409)
$DE \times E$					-0.056* (-0.185)		-0.053* (-0.076)		-0.046* (-0.273)		-0.043* (-0.122)		-0.04 (-0.59)		-0.039* (-0.569)
$GDPG$	0.002 (0.731)	0.001 (0.193)	0.015*** (3.162)	0.011*** (2.432)	0.015*** (3.219)	0.017*** (3.664)	0 (-0.083)	-0.001 (-0.229)	0.017*** (3.623)	-0.001 (-0.295)	0.017*** (3.599)	0.011*** (2.384)	0.016*** (3.586)	-0.002 (-0.359)	0.016*** (3.57)
FDI	-0.008 (-1.094)	-0.002 (-0.211)	-0.013 (-1.367)	-0.018*** (-2.229)	-0.025*** (-3.112)	-0.025*** (-3.224)	-0.004 (-0.431)	-0.004 (-0.461)	-0.025*** (-3.153)	-0.004 (-0.466)	-0.024*** (-3.099)	-0.019*** (-2.381)	-0.024*** (-3.061)	-0.004 (-0.463)	-0.024*** (-3.035)

续表

空间 Durbin 模型：地理邻近空间权重矩阵与嵌套空间权重矩阵回归

变量	OLS	CBW		$\varphi=0$ (IDW)		$\varphi=0.2$		$\varphi=0.4$		$\varphi=0.6$		$\varphi=0.8$		$\varphi=1$ (EBW)	
		基准回归	要素回归	基准回归	要素回归	基准回归	要素回归	基准回归	要素回归	基准回归	要素回归	基准回归	要素回归	基准回归	要素回归
UR	0.017 (0.851)	0.075 *** (3.346)	0.061 *** (2.844)	0.051 *** (2.461)	0.054 *** (2.665)	0.023 (1.118)	0.015 (0.746)	0.023 (1.12)	0.016 (0.818)	0.023 (1.13)	0.017 (0.866)	0.007 (0.357)	0.017 (0.898)	0.023 (1.145)	0.018 (0.921)
IS	0.019 *** (9.145)	0.026 *** (10.123)	0.018 *** (7.874)	0.022 *** (10.922)	0.018 *** (8.751)	0.021 *** (9.601)	0.015 *** (7.86)	0.021 *** (9.507)	0.015 *** (7.942)	0.021 *** (9.462)	0.015 *** (7.983)	0.017 *** (8.301)	0.015 *** (8.004)	0.021 *** (9.417)	0.015 *** (8.015)
TP	0.002 (0.724)	0.003 (1.479)	0.003 (1.266)	0.003 (1.409)	0.002 (1.139)	0.002 (1.117)	0.002 (1.009)	0.003 (1.142)	0.002 (1.019)	0.003 (1.156)	0.002 (1.023)	0.002 (0.973)	0.002 (1.026)	0.003 (1.171)	0.002 (1.027)
FD	-0.028 ** (-2.024)	-0.031 (-1.421)	-0.011 (-0.509)	-0.013 (-0.613)	0.005 (0.239)	-0.003 (-0.123)	0.003 (0.135)	-0.002 (-0.087)	0.001 (0.026)	-0.001 (-0.067)	-0.001 (-0.025)	0.001 (0.026)	-0.001 (-0.053)	-0.001 (-0.045)	-0.002 (-0.073)
U	0.003 *** (2.509)	0.012 *** (5.692)	0.01 *** (5.236)	0.006 *** (3.371)	0.007 *** (3.748)	-0.003 (-1.352)	-0.003 (-1.394)	-0.003 (-1.503)	-0.004 * (-1.741)	-0.003 * (-1.589)	-0.004 * (-1.877)	-0.005 *** (-2.595)	-0.004 * (-1.944)	-0.004 ** (-1.686)	-0.004 ** (-1.992)
PD	-0.014 (-0.603)	0.031 (1.167)	-0.025 (-0.991)	0.009 (0.394)	-0.043 ** (-1.748)	-0.075 *** (-2.753)	-0.059 *** (-2.259)	-0.074 *** (-2.695)	-0.055 ** (-2.062)	-0.074 *** (-2.643)	-0.052 * (-1.933)	-0.058 ** (-2.206)	-0.05 ** (-1.849)	-0.072 ** (-2.578)	-0.049 ** (-1.792)
TD	0.001 (1.158)	-0.002 * (-1.338)	0.003 ** (1.929)	-0.001 (-0.478)	0.003 ** (1.992)	0.004 *** (3.132)	0.004 *** (3.098)	0.004 *** (3.143)	0.004 *** (2.8)	0.004 *** (3.112)	0.004 *** (2.616)	0.003 ** (2.341)	0.004 ** (2.497)	0.004 *** (3.058)	0.003 *** (2.419)
$W \times DR$		0.124 *** (2.893)		0.389 *** (2.59)		0.255 *** (2.487)		0.214 *** (2.178)		0.195 ** (2.025)		0.12 (1.204)		0.178 ** (1.874)	

续表

空间 Durbin 模型：地理邻近空间权重矩阵与嵌套空间权重矩阵回归

变量	OLS	CBW 基准回归	CBW 要素回归	$\varphi=0$ (IDW) 基准回归	$\varphi=0$ (IDW) 要素回归	$\varphi=0.2$ 基准回归	$\varphi=0.2$ 要素回归	$\varphi=0.4$ 基准回归	$\varphi=0.4$ 要素回归	$\varphi=0.6$ 基准回归	$\varphi=0.6$ 要素回归	$\varphi=0.8$ 基准回归	$\varphi=0.8$ 要素回归	$\varphi=1$ (EBW) 基准回归	$\varphi=1$ (EBW) 要素回归
$W \times DE$		-0.077* (-1.569)		-0.101 (0.673)		-0.222*** (-3.084)		-0.199*** (-2.854)		-0.188*** (-2.733)		-0.051 (-0.696)		-0.178*** (-2.608)	
$W \times DRC$			0.208** (0.579)												
$W \times DEC$			-0.028** (-0.008)												
$W \times DRE$					1.518 (2.683)		0.058** (1.174)		0.058** (1.057)		0.057*** (1.183)		0.08** (1.26)		0.097** (1.317)
$W \times DEE$					-0.117* (-0.062)		-0.062** (-0.295)		-0.105* (-0.517)		-0.127** (-0.633)		-0.14* (-0.703)		-0.149* (-0.756)
$W \times GDPG$	-0.012** (-2.468)	0.024*** (2.725)		-0.024*** (-3.839)	0.011 (0.426)	-0.011** (-1.87)	0.074*** (5.411)	-0.01** (-1.678)	0.072*** (5.532)	-0.009 (-1.582)	0.072*** (5.575)	0.069*** (5.215)	0.071*** (5.599)	-0.008*** (-1.487)	0.071*** (5.602)
$W \times FDI$	-0.006 (-0.331)	-0.025 (-1.357)		-0.028 (-0.636)	-0.038 (-0.74)	0.114*** (3.959)	0.025 (0.861)	0.118*** (4.202)	0.031 (1.098)	0.12*** (4.333)	0.034 (1.222)	0.029 (1.004)	0.036 (1.295)	0.122 (4.471)	0.037 (1.353)
$W \times UR$	-0.023 (-0.736)	-0.071*** (-2.059)		-0.071 (-1.105)	-0.157 (-1.546)	0.112** (2.588)	0.038 (0.678)	0.124** (2.925)	0.056 (1.033)	0.131*** (3.097)	0.064 (1.201)	0.069 (1.303)	0.073 (1.41)	0.137 (3.278)	0.072 (1.363)

续表

空间 Durbin 模型：地理邻近空间权重矩阵与嵌套空间权重矩阵回归

变量	OLS	CBW		φ=0（IDW）		φ=0.2		φ=0.4		φ=0.6		φ=0.8		φ=1（EBW）	
		基准回归	要素回归	基准回归	要素回归	基准回归	要素回归	基准回归	要素回归	基准回归	要素回归	基准回归	要素回归	基准回归	要素回归
W×IS		0.025*** (5.402)	0.01*** (2.011)	0.038*** (4.175)	0.027** (1.934)	0.032*** (4.96)	-0.005 (-0.672)	0.031*** (4.779)	-0.005 (-0.698)	0.03*** (4.663)	-0.005 (-0.704)	-0.005 (-0.614)	-0.005 (-0.695)	0.029 (4.539)	-0.005 (-0.694)
W×TP		0.003 (0.683)	0.003 (0.837)	0.014 (1.25)	0.013 (0.974)	0.006 (1.062)	0.002 (0.39)	0.006 (1.045)	0.002 (0.421)	0.006 (1.044)	0.002 (0.437)	0.002 (0.463)	0.002 (0.448)	0.006 (1.047)	0.002 (0.452)
W×FD		0.062*** (2.256)	0.163*** (3.683)	-0.042 (-0.942)	0.356*** (3.082)	-0.004 (-0.124)	0.067 (1.258)	-0.007 (-0.234)	0.051 (0.98)	-0.009 (-0.277)	0.043 (0.844)	0.013 (0.269)	0.039 (0.764)	-0.01 (-0.314)	0.036 (0.71)
W×U		-0.019*** (-6.401)	-0.016*** (-4.636)	-0.013*** (-3.378)	-0.018*** (-2.131)	0.006*** (1.696)	0.03*** (5.247)	0.007*** (2.051)	0.032*** (5.66)	0.008*** (2.234)	0.032*** (5.826)	0.033*** (6.052)	0.033*** (5.916)	0.009*** (2.426)	0.033*** (5.966)
W×PD		0.079 (0.955)	-0.177** (-2.077)	-0.182** (-1.958)	-0.239** (-2.311)	-0.032 (-0.471)	-0.084 (-1.294)	-0.028 (-0.435)	-0.066 (-1.064)	-0.028 (-0.439)	-0.059 (-0.976)	-0.028 (-0.47)	-0.056 (-0.929)	-0.028 (-0.452)	-0.054 (-0.906)
W×TD		-0.003 (-0.949)	0.01*** (2.665)	-0.002 (-0.515)	0.006 (1.126)	-0.005 (-1.216)	0.001 (0.33)	-0.005 (-1.205)	0 (0.067)	-0.005 (-1.188)	0 (-0.042)	-0.002 (-0.655)	0 (-0.101)	-0.004 (-1.168)	0 (-0.134)
W×dep.		0.356*** (7.523)	-0.057 (-0.961)	0.215** (2.304)	-0.353*** (-2.661)	0.153*** (2.318)	-0.256*** (-3.376)	0.161* (2.517)	-0.24*** (-3.267)	0.164*** (2.597)	-0.231*** (-3.183)	-0.253*** (-3.507)	-0.228*** (-3.163)	0.166*** (2.66)	-0.221*** (-3.079)
teta		0.141*** (5.433)	0.142*** (5.431)	0.144*** (5.436)	0.145*** (5.438)	0.156*** (5.439)	0.156*** (5.458)	0.159*** (5.458)	0.161*** (5.458)	0.161*** (5.462)	0.161*** (5.462)	0.162*** (5.550)	0.166*** (5.550)	0.162*** (5.550)	0.167*** (5.551)

续表

空间 Durbin 模型：地理邻近空间权重矩阵与嵌套空间权重矩阵回归

变量	OLS	CBW		$\varphi=0$（IDW）		$\varphi=0.2$		$\varphi=0.4$		$\varphi=0.6$		$\varphi=0.8$		$\varphi=1$（EBW）	
		基准回归	要素回归	基准回归	要素回归	基准回归	要素回归	基准回归	要素回归	基准回归	要素回归	基准回归	要素回归	基准回归	要素回归
R-squared	0.516	0.826	0.835	0.840	0.841	0.834	0.825	0.834	0.855	0.854	0.855	0.864	0.865	0.854	0.855
LM-lag	2.980*														
R-LM-lag	6.139**														
LM-error	7.285**														
R-LM-error	8.44***														
$Wald$-s-lag		20.868	10.317	30.386	5.392	10.384	5.383	4.284	7.384	9.332	7.748	8.896	8.579	9.865	9.859
$Wald$-s-error		20.658	10.247	30.274	6.393	10.348	5.236	4.325	7.347	9.524	7.648	8.859	8.879	10.781	9.765
H-test		31.242	14.372	70.374	28.346	12.346	15.273	2.475	13.485	8.743	10.858	10.858	11.875	15.756	9.875

注：1. *** 表示在 1% 水平下显著，** 表示在 5% 水平下显著，* 表示在 10% 水平下显著，括号内为 t 值；2. H-test 表示 Hausman 检验，LM 检验分别为空间计量模型中对应的空间滞后或空间自相关检验。

明对外投资在经济邻近地区对污染的作用在减弱；③城乡收入差距与环境污染是显著正相关的，说明收入差距越大，穷人越容易依赖自然资源来维持生计，因而加剧环境污染；④产业结构的效应为正，说明工业化过程加剧了环境污染，且外溢效应明显；⑤技术进步能够有助于改善环境，遏制污染扩大趋势；⑥财政赤字从某种程度上讲也是环境污染的一个表现，说明地方政府竞相支出加剧了环境污染；⑦城市化的显著正效应也说明环境污染与人口密度和人均生活质量的提高正相关；⑧交通运输的显著正效应充分印证了其为环境污染源的重要方面，且外溢作用十分显著。

三　直接效应、间接效应和总效应

表 6-4 显示了财政分权、财政分权和要素市场分割的交互项这两个重要的自变量的边际变化所产生的累积直接效应、间接效应和总效应的标量汇总度量。

表 6-4　　　　　**整体面板样本的直接效应、间接效应和总效应**

变量	基准回归			要素回归		
	直接效应	间接效应	总效应	直接效应	间接效应	总效应
A. 地理邻近空间权重矩阵						
财权	0.043 * (1.216)	0.193 ** (3.098)	0.236 (3.027)			
事权	-0.104 *** (-3.395)	-0.159 ** (-2.241)	-0.263 ** (-3.067)			
财权 × 要素 地理邻近				0.101 ** (1.209)	0.197 (1.523)	0.298 *** (2.298)
事权 × 要素 地理邻近				-0.168 (-2.541)	-0.016 * (-0.141)	-0.184 (-1.558)
控制变量	控制	控制	控制	控制	控制	控制

续表

变量	基准回归			要素回归		
	直接效应	间接效应	总效应	直接效应	间接效应	总效应
B. 嵌套空间权重矩阵 $\varphi = 0$（IDW）						
财权	0.061 * (2.038)	0.496 (2.56)	0.557 *** (2.839)			
事权	−0.062 ** (−2.258)	−0.121 ** (−0.622)	−0.059 (−0.294)			
财权×要素 经济邻近				0.007 * (0.067)	1.163 ** (2.526)	1.169 ** (2.684)
事权×要素 经济邻近				−0.044 * (−0.609)	−0.304 (−0.906)	−0.348 * (−1.11)
控制变量	控制	控制	控制	控制	控制	控制
C. 嵌套空间权重矩阵 $\varphi = 1$（EBW）						
财权	0.044 ** (1.503)	0.218 ** (2.006)	0.262 ** (2.282)			
事权	−0.117 * (−4.314)	−0.23 * (−2.76)	−0.347 *** (−3.756)			
财权×要素 经济邻近				0.046 *** (0.496)	0.064 ** (0.239)	0.11 ** (0.404)
事权×要素 经济邻近				−0.041 *** (−0.599)	−0.131 ** (−0.763)	−0.09 ** (−0.492)
控制变量	控制	控制	控制	控制	控制	控制

注：*** 表示在1%水平下显著、** 表示在5%水平下显著、* 表示在10%水平下显著，括号内为 t 值。

第一，在直接效应方面，收入端分权对环境污染有正向的直接影响，且具有5%的显著程度，这一结果反映了地方政府税收竞争的现实。从政策制定的角度看，税收分权是促进税收优惠吸引外资的能力保障，如"污染避难所假说"（Barrett，1994）。表6-2中1%的水平下 FDI 显著正系数也证明了这些假设，即在收入端分权增强的影响下，财权自治度高的地方或将成为非本地污染企业的"避难所"。然而，支出端分权与环境污染之间的相关性为负，在 5% 的水平下显著。这是因为环境管理作为一项公共服务被提出，更多的支出分权意味着在其管辖范围内对环境改善承担更多的责任。

第二，财政分权收入端和支出端的间接效应与直接效应完全不同。这也是我们使用空间计量经济学方法来区分直接效应和间接效应的原因。间接效应反映了环境治理作为一种公共服务，具有较高的空间外溢性，表明环境服务或环境污染很容易跨越行政或地理边界。对于支出端分权对污染的间接影响，结果显示在 1% 的水平下显著正相关，说明支出端分权化程度越高，地方政府竞争越强，对其他辖区的污染影响越大。这是因为中国地方官员的这种激励结构意味着宁可在推动增长率或税收上支出，也不会用于保护环境（周黎安，2007）。因为环境作为外溢性非常强的公共品，地方政府可以通过转嫁成本或"搭便车"的方式来改善本地环境，而不一定要增加环境治理支出。再者，由于存在毗邻效应，环境成本将更有可能转移到其他地区，地方政府出于外溢的考虑也会花费较少部分支出在环境治理上。因此，地方政府对经济发展的搭便车行为加剧了支出端分权的污染效应。此外，有财政压力的地方政府（更多的支出和更少的收入）则更有动机减少环境监管，牺牲当地环境来换取财政收入的增加，像我们前面提到的官员晋升（Oates & Portney，2003）。模仿和竞争行为是导致支出分权直接和间接影响相反的原因（Que et al.，2018；Que et al.，2018；Que et al.，2019）。

第三，总效应是直接效应和间接效应的综合影响。环境污染具有很强的外部性特征，因此在我们的实证估计中，间接效应占总效应的主导地位，说明支出端分权显著增加环境污染，而收入端分权有利于环境改善。这将对环境管理产生重大的政策影响，强调地方收入的分权可以极大地赢得减少环境污染的机会。基于地理效应比基于非地理（经济）效应更具有统计学意义。这一结果可能证实，对于地理位置相邻但经济联系不紧密的地区，预测地方政府之间的模仿行为在经验上更为深刻，这表明邻近的司法管辖区正在为更高的财政自治权进行激烈的竞争（Farzanegan & Mennel，2012；Yang，2011）。因此，环境治理可能更需要集中化财政管理体系下的解决方案。

第四，根据交互项的估计结果，要素市场分割加强了收入端和支出端对环境污染的效应。且在加入市场分割交互项后，正系数显著高于负系数，证明因子分割对环境污染的作用比环境改善的作用更显著，这与我们的理论分析相一致。事实上，要素市场的扭曲程度越高，意味着参与政治推动和经济竞争的地方官员更有可能干预要素市场。这种竞争战略往往有一定程度的财政自主权作为保障，如实行税收优惠以吸引外国投资，或增加公共生产支出以赢得当地的推广锦标赛。然而，它并不否认要素市场分割对环境改善的促进作用，虽然污染效应更为显著。

四 地区性估计结果及分析

我们参照国家统计局划分标准将各省份细化为东部地区、中部地区和西部地区，针对不同区域进行财政分权和要素市场分割对环境污染的经验估计。在表6-4的估计中，区域性结论有：①地方财政收入端分权与地方"工业三废"的环境污染呈现显著的正相关；②地方财政支出端分权与地方"工业三废"的环境污染呈现显著的负相关；③无论是基于地理的要素市场分割还是基于经济的要素市场分割，其对财政分权作用于环境污染这一路径有强化和放大的作用；④间接效应比直接效应的作用更大，说明在环境污染方面，地区间的影响程度比较显著，因此在环境治理上应该加强地区间的互动；⑤经济邻近地区相比于地理邻近地区，其受到财政分权的影响更大，说明经济关联度高的地区，其污染源相似，对环境污染的综合影响更大；⑥从东部、中部和西部地区的环境影响因子来看，中部和西部地区的影响系数普遍偏大，这一方面与我国产业结构的划分有关，另一方面说明地方政府行为对中部和西部地区发展的影响

表6-5　　　　　地区性样本的空间外溢分析

变量	东部地区			中部地区			西部地区		
	直接效应	间接效应	总效应	直接效应	间接效应	总效应	直接效应	间接效应	总效应
A. 地理邻近空间权重矩阵									
财权	0.053* (1.878)	0.187** (5.279)	0.24** (3.231)	0.266 (3.054)	0.034** (0.329)	0.300* (3.045)	0.12 (0.978)	0.387** (1.511)	0.507*** (2.132)
事权	-0.006* (-0.238)	-0.21** (-4.666)	-0.216* (-4.304)	-0.065** (-1.059)	-0.264 (-2.542)	-0.329** (-3.141)	-0.11** (-1.38)	-0.134* (-1.043)	-0.244** (-1.618)
财权×要素地理邻近	0.04** (0.476)	0.608*** (4.986)	0.648** (4.095)	1.395 (3.111)	0.191 (-0.363)	1.586** (2.935)	0.338* (1.203)	0.751** (1.341)	1.089* (2.011)
事权×要素地理邻近	-0.039** (-0.523)	-0.46** (-4.041)	-0.499** (-3.287)	-0.35* (-1.101)	-1.399 (-2.631)	-1.749** (-3.17)	-0.331** (-2.299)	-0.126** (-0.452)	-0.457** (-1.733)
控制变量	控制	控制	控制	控制	控制	控制	控制	控制	控制
B. 嵌套空间权重矩阵 $\varphi=0$ (IDW)									
财权	0.006** (0.269)	0.271** (4.327)	0.277*** (4.148)	0.455*** (6.127)	0.41** (3.657)	0.865 (0.44)	0.071 (0.601)	0.301 (0.585)	0.372 (0.421)
事权	-0.01 (-0.45)	-0.013** (-0.167)	-0.023 (-0.035)	-0.153** (-3.093)	-0.8*** (-5.514)	-0.953 (-4.26)	-0.061** (-0.739)	-1.099** (-3.41)	-1.16** (-3.221)
财权×要素经济邻近	0.015 (0.157)	1.328** (5.624)	1.343** (5.425)	4.551** (6.007)	4.028 (3.601)	8.579 (0.533)	0.116 (0.355)	2.305** (2.181)	2.421* (2.213)

续表

变量	东部地区			中部地区			西部地区		
	直接效应	间接效应	总效应	直接效应	间接效应	总效应	直接效应	间接效应	总效应
B. 嵌套空间权重矩阵 $\varphi=0$（IBW）									
事权×要素经济邻近	-0.08 （-1.042）	-1.074** （-5.08）	-1.154** （-5.318）	-1.523** （-3.038）	-7.909 （-5.612）	-9.432 （-4.362）	-0.145** （-0.914）	-0.641* （-1.33）	-0.786* （-1.61）
控制变量	控制	控制	控制	控制	控制	控制	控制	控制	控制
C. 嵌套空间权重矩阵 $\varphi=1$（EBW）									
财权	0.125*** （4.933）	0.132** （1.506）	0.257 （0.071）	0.429 （5.202）	0.93** （5.736）	1.359*** （2.596）	0.185* （1.917）	0.771** （2.925）	0.956** （-2.03）
事权	-0.046** （-2.021）	-0.286*** （-4.682）	-0.332** （-3.578）	-0.569*** （-9.004）	-0.786 （-6.576）	-1.355** （-1.719）	-0.132** （-2.535）	-0.434*** （-3.101）	-0.566** （-1.967）
财权×要素经济邻近	0.284** （2.895）	1.289*** （4.548）	1.573** （3.407）	4.244** （5.191）	9.169** （5.76）	13.413 （2.653）	0.033** （0.13）	1.908*** （3.113）	1.941*** （2.708）
事权×要素经济邻近	-0.218** （-2.597）	-1.076** （-4.333）	-1.294** （-3.318）	-5.63** （-8.903）	-7.861** （-6.51）	-13.491 （-1.78）	-0.103 （-0.779）	-1.091** （-3.648）	-1.194** （-2.938）
控制变量	控制	控制	控制	控制	控制	控制	控制	控制	控制

注：*** 表示在1%水平下显著，** 表示在5%水平下显著，* 表示在10%水平下显著，括号内为t值。

更为有力，在环境治理方面，应该加强该地区的地方政府执行力，制定相关政策，采取联合规制的办法，控制环境污染恶化的趋势。

第五节　本章小结

外部性的存在正是市场失灵的一种表现，需要政府这只"看得见的手"通过明晰产权的政策制定将外部性内部化。作为地方公共产品的环境质量具有区域溢出的特征，因此政府的干预至关重要。人们普遍认为财政政策是环境管理的有效工具。关于财政分权对环境污染影响的现有文献没有考虑要素市场细分的空间相关性。为了通过要素市场分割来探索这种财政分权效应，我们建立了一个关于污染物排放和市场分割约束的两部门模型，并使用中国 1998—2015 年的省级面板数据进行实证估算。结果表明，财政分权对环境污染的影响存在较大差异，市场分割起到了加剧财政分权对环境污染的影响，其对环境污染的正向作用在统计上更为显著。因此，从政策制定的角度来看，更好的摆脱污染的方法是调整分权结构、打破生产要素市场分割。

本章旨在分析财政分权和要素市场分割对环境污染的空间效应。在之前理论研究的基础上，本章通过污染物排放约束下的两部门一般均衡分析来考虑因子分割的影响。通过使用中国 30 个省份的面板数据，估算结果验证了本书的理论分析，进一步说明了支出端分权会增加污染，收入端分权则有利于环境的改善，并且要素市场分割会加剧分权对环境污染的影响。结果表明：①财权和事权对环境污染的影响具有显著的差异性，二者的作用恰好相反；②财政分权收入端和支出端的间接效应与直接效应完全不同，环境污染具有很强的外部性特征，因此在我们的实证估计中，间接效应占总效应的主导地位，说明支出分权显著增加污染，而收入分权有利于环境改善；③通过对比财政分权及其与要素市场分割交互项的影响系数可以看出，引入要素市场分割因子后，财政分权对环境污染的显著性有所提高，且影响系数增强，说明要素市场分割确实起到了加剧环境污染的作用，这一结论证实了本章关于要素市场分割恶化环境污染的猜想；④从东部、中部和西部地区的环境影响因子来看，中部地区和西部地区的影响系数普遍偏大，这一方面与我国产业结构的划分有关，另一方面说明地方政府行为对中部和西部地区发展的影响更为有力，在环境治理方面，应该加强该地区的地方政府执行力，制定相关政策，采取联合规制的办法，控制环境污染恶化的趋势。

了解每种机制的运作方式将有助于我们提供更准确的政策建议。值得注意的是，彻底重构财政分权结构是控制环境污染的重要步骤。此外，由于要素市场分割会加剧环境污染的分散化效应，建议政府提供更宽松的市场环境，减少干预，以提高生产要素的自由流动。应当指出的一点是，财政分权的效果在地理上邻近的区域比在经济上邻近的区域更为显著，这表明在环境管理方面，司法合作具有重大意义。因此，我们鼓励进一步研究其他财政政策，作为应对环境污染的补充，例如公共支出偏好。因此，继续设计宏观调控工具，将有利于实现生产者、雇主与政府的三方共赢。

第七章

结论与建议

中央政府和地方政府的关系是研究公共经济问题的关键，同样也是剖析中国经济发展之迅猛的制度核心，因此，本书期望从空间溢出的视角考察财政分权对地方政府公共品供给行为所产生的效应。地方财政支出规模及其结构偏好在财政分权背景下最具中国特色，并最终影响其他地区公共品的供给，同时也会对经济生产所依赖的环境产生重要影响。中国经济继续保持"经济奇迹"的一个关键就在于，要深入探究制度因素及其对地方政府公共品供给的影响，因此本书试图从央地财政关系出发，通过分析分权背景下地方公共品供给的效应，考察中国式分权对公共品供给的规模效应、外溢效应、偏好效应和环境效应。本书的结论如下：

其一，在研究财政分权的规模效应时，继先前的理论研究，将内生模型应用于探究财政收入端和支出端分权对政府规模的不同效应。本书采用1994—2015年中国省级动态面板数据，并利用双向固定效应和系统 GMM 模型验证了财政分权与政府规模的线性关系，同时运用面板门槛估计模型进一步验证了支出端分权和地方政府规模的非线性关系。①从中央政府层面来看，财权下放不利于控制中央政府规模，而事权下放对中央政府规模的控制表现出显著的正向促进作用。开放程度对中央政府规模扩张具有正向影响，说明中央政府在应对外来风险中承担主要责任，因此会做出相应的价格或总量补偿机制以应对外来风险所带来的损失。同时，地方政府债务负担越大，中央政府规模越会显著扩张，我们从转移支付体制中可以找到部分解释，且政府公共性支出开支增大也能显著扩大中央政府规模。②从地方政府层面来看，财权下放有利于控制地方政府规模，这是因为伴随财权下放，地方政府支出的预算硬约束加强了，因此减少了软约束下的"突击花钱"等支出上的不稳定性。事权下放对地方政府规模的影响表现出门槛效应：对转移支付依赖度越高，事权下放的政府膨胀效应越大，且这一效应显著递增；当地方性公共品供给能力高于0.4时，二者呈现显著正向递增关系；当生产性支出与非生产性支出的比重超过0.7时，支出端分权程度越大，地方政府规模越大。"利维坦假说"在中国的失效表明，要想实现控制地方政府规模的目标，仅仅依靠财政分权是不够的，需要综合调整转移支付制度以降低各地方政府对中央转移支付的依赖程度、完善居民对地方政府行为的约束机制以提升各地方政府对该地区性公共品的供给能力，同时合理分配公共资源，对改善民生的社会保障性支出尽职尽责，减少对社会生产投资的挤出，使财政资金对社会资金发挥最大的撬动力。

其二，在探讨一个地区财政分权的规模效应后，我们将继续深入讨论一个地区的财政分权效应对另一个地区公共品供给的外溢效应。我们认为该效应受到公共品的性质影响，即互补性和替代性，同时也受到分配政策和公共品供给结构的影响。本书基于使用者付费模型研究了这种溢出效应的内在机制，并将空间计量经济学方法应用于中国地方政府的宏观数据中，从支出和收入的角度估算了财政分权对地方公共开支的影响程度，我们得出的结论是：①财政分权对地方政府公共品竞赛非常重要，然而，事权和财权的分权程度不同会对公共品供给产生不同的影响；②当收入端分权程度较高时，由于对外溢公共品的需求锐减，潜在的搭便车人数将会减少；实证估算结果还表明，收入端分权与外溢公共品供给呈负相关；③如果本地公共品和外溢公共品是替代品或 MRS 大于 $-1/G_D^j$ 的互补品，则事权下放程度越高越可能会扩大当地公共品供给；在空间估计中，支出端分权正向的直接效应、间接效应和总效应在统计上证实了中国地方支出端分权竞争的存在；④在空间估计中，地理邻近空间权重矩阵（CBW）的溢出效应显著大于经济权重矩阵（EBW），这恰恰证明了地理上相邻但不具有经济邻近的地方政府之间，其竞争和模仿行为更普遍。研究结论对政策制定具有积极影响。第一，中央政府和地方政府要做好财政分权的体制改革。为了提高财政运作效率，中央和地方政府都需要通过对现行的财政分权制度进行细致化的改革，使财权和事权的结构有更具体的划分和更合理的比例。第二，适度调整中央和地方的支出责任。一方面要适度加强中央事权，增强中央的宏观调控能力；另一方面要适度控制地方事权，形成中央对地方的监督，同时，在中央政府和地方政府的共有事权上要明晰中央和地方的界限，更要形成责任划分和监督管理。事权下放程度越高就越会加剧地方政府竞争，因此要考虑在事权支出项目上对地方政府实施约束和控制，尽量减少低效率重复生产导致的产能过剩。第三，优化地方政府的竞争模式，优化地方政府间的竞争机制。面对国内投资和消费疲弱，政府参与经济发展的行为越来越重要。因此，为了适应新的变化，地方政府应该通过建立一个综合评价体系来约束地方官员的行为，从而优化竞争机制，而不是只以 GDP 作为唯一考核目标。第四，公共品供给外部性在空间地理邻域中的统计意义，表明地方政府可以与地理邻国合作，以减少分权的负面溢出效应，并实现区域规模发展，浪费更少的稀缺资源。地理发展的外溢作用更为明显，故地方政府可以采取区域联合的发展模式，一方面减少公共品供给的外溢，另一方面可以实现规模发展，减少稀缺资源的浪费，也能避免重复建设带来的产能过剩的问题。特别是在国际金融危机之后，越来越多的政府开始干预市场，我们可以建立一个地理上相互联系的新兴经济体，以实现区域繁荣。总体而言，地方政府在制定政策时必须更加谨慎，特别是重组财政分权制度，因为权力下放的对象不同对外溢公共品的影响是完全不同的。

其三，在工业化和全球化进程中，发展中国家和发达国家都出现了劳动报酬下降的趋势。由于政府掌握着巨大的生产资源并具有很强的干预能力，因此一国的制度安排是否会改善生产要素分配模式越来越受到关注。我们分析了财政分权对生产要素分配的影响，并在此基础上研究了公共支出的偏好效应。揭示了财政分权通过地方资本投入系数和地方税来影响生产要素分配的机制，加深了我们对分配方式与制度安排之间关系的认识。得出如下结论：①收入端分权的增加导致生产要素分配倾向于资本，从而劳动报酬下降，因为收入端分权有助于税收优惠，这是吸引外资的能力保证。②支出端分权最终降低了资本分配的比例，这主要是因为，如果生产率保持不变，更多政府投资可以带动社会资本的投入，进而创造出更多就业机会，增加劳动力分配的比例。除了理论分析外，本书还利用空间 Durbin 模型估计，证明了上述两个假设，并且回归结果显著。③我们接着解释了在中国式分权背景下——地方政府支出端分权的比例更高——为什么要素分配似乎更倾向于资本要素，在此基础上我们发现财政支出偏好的不同会对要素分配产生不同的影响。具体来说，以经济发展为导向的支出确实促进了生产要素分配向资本要素倾斜，即 $DE \times TE$ 对资本—劳动力分配产生了正向影响。然而，以社会公平为导向的财政支出将会提高劳动报酬的比例，因为 $DE \times SSE$ 对其影响显著为负。研究每种机制的运作方式将有助于我们思考更准确的政策意义。值得注意的是，进一步完善财政分权制度是生产要素分配合理化的重要步骤。我们不光要调整财政分权结构，正如我们总是提到要改善"重事权，轻财权"的现状，应更加注重支出偏好的调整，如推进地方政府绩效考核制度，建立双向政治激励和有效转移支付制度，监督地方支出，确保其民主化。此外，从地方税来看，如果我们期望促进生产要素分配，避免过度依赖间接税是非常重要的。

其四，本书研究了财政分权的收入端、支出端和要素市场分割对环境污染的空间效应影响，继先前的理论研究，将要素市场分割纳入到理论模型中，讨论了在污染物排放约束下的一般均衡解，研究表明，要素市场分割使生产的社会成本提高，在不考虑社会成本下的社会产量显著高于最优社会产量，因而加剧了财政分权的环境损失。在之前理论研究的基础上，本书通过污染物排放约束下的两部门一般均衡分析来考虑因子分割的影响。通过使用中国30个省份的面板数据，估算结果验证了我们的理论分析，进一步说明了支出端分权会增加环境污染，收入端分权则有利于环境的改善，并且要素市场分割会加剧分权对环境污染的影响。结果表明：①财权和事权对环境污染的影响具有显著的差异性，二者的作用恰好相反；②财政分权收入端和支出端的间接效应与直接效应完全不同，环境污染具有很强的外部性特征，因此在我们的实证估计中，间接效应在总效应中占主导地位，说明支出端分权显著增加环境污染，而收入端分权有利于环境改善；③通过对比财政分权和财政分权与要素市场分割交互项的影响系数可以看出，引入要素市场分割因子后，财政分权对环境污染的显著性有所提高，且影响系数增强，说明要素市场分割确实起到了加剧环境污染的作用，这一结论证实了本书关于要素市场分割恶化环境污染的假设；④从东部、中部和西部地区的环境影响因子来看，中部和西部地区的影响系数普遍偏大，这一方面与我国产业结构的划分有关，另一方面说明地方政府行为对中部和西部地区发展的影响更为有力，在环境治理方面，应该加强该地区的地方政府执行力，制定相关政策，采取联合规制的办法，控制环境污染恶化的趋势。

综上所述，从财政分权的不同方面着手，探究财政分权对公共品供给的综合效益是本书的主要成果。然而，本书的研究对一些政策性的问题研究得还不够深入，例如，垄断是否影响劳动报酬？制度安排如何影响企业在利润分享中的决策？制度安排和生产要素分配的动态作用如何？此外，一般均衡模型有许多简化的假设，放宽这些假设是进一步研究的重要任务，例如，生产规模不变的假设。最后，深入研究宏观调控工具将有利于实现生产者、消费者和政府的三方共赢。笔者认为研究政府财政行为还需要往上述几个方面深化，这也是后续研究的重点。

参考文献

蔡昉：《中国经济改革效应分析——劳动力重新配置的视角》,《经济研究》2017 年第 7 期。

陈硕：《分税制改革, 地方财政自主权与公共品供给》,《经济学（季刊)》2010 年第 4 期。

陈硕、高琳：《央地关系：财政分权度量及作用机制再评估》,《管理世界》2012 年第 6 期。

范庆泉、周县华、潘文卿：《从生产性财政支出效率看规模优化：基于经济增长的视角》,《南开经济研究》2015 年第 5 期。

范子英、张军：《财政分权、转移支付与国内市场整合》,《经济研究》2010 年第 3 期。

范子英、张军：《粘纸效应：对地方政府规模膨胀的一种解释》,《中国工业经济》2010 年第 12 期。

傅勇：《财政分权, 政府治理与非经济性公共物品供给》,《经济研究》2010 年第 8 期。

傅勇、张晏：《中国式分权与财政支出结构偏向：为增长而竞争的代价》,《管理世界》2007 年第 3 期。

高楠、梁平汉：《为什么政府机构越来越膨胀？——部门利益分化的视角》,《经济研究》2015 年第 9 期。

顾昕、白晨：《中国医疗救助筹资水平的横向公平性研究》,《财政研究》2014 年第 12 期。

郭庆旺、贾俊雪：《财政分权, 政府组织结构与地方政府支出规模》,

《经济研究》2010 年第 11 期。

郭庆旺、吕冰洋：《论要素收入分配对居民收入分配的影响》，《中国社会科学》2012 年第 12 期。

胡祖铨、黄夏岚、刘怡：《中央对地方转移支付与地方征税努力——来自中国财政实践的证据》，《经济学（季刊)》2013 年第 2 期。

金培振、张亚斌、邓孟平：《区域要素市场分割与要素配置效率的时空演变及关系》，《地理研究》2015 年第 5 期。

孔宪遂、陈华：《全球财政风险、财政危机及财政平衡与治理》，《财政研究》2014 年第 7 期。

蓝庆新、陈超凡：《新型城镇化推动产业结构升级了吗？——基于中国省级面板数据的空间计量研究》，《财经研究》2013 年第 12 期。

李婉、江南：《中国式财政分权与地方政府财政支出规模的膨胀——实证检验“利维坦”模型在中国的有效性》，《当代财经》2010 年第 6 期。

林毅夫、苏剑：《论我国经济增长方式的转换》，《管理世界》2007 年第 11 期。

陆铭、陈钊：《分割市场的经济增长——为什么经济开放可能加剧地方保护？》，《经济研究》2009 年第 3 期。

吕冰洋、毛捷：《高投资，低消费的财政基础》，《经济研究》2014 年第 5 期。

马光荣、郭庆旺、刘畅：《财政转移支付结构与地区经济增长》，《中国社会科学》2016 年第 9 期。

饶晓辉、刘方：《政府生产性支出与中国的实际经济波动》，《经济研究》2014 年第 11 期。

苏晓红、王文剑：《中国的财政分权与地方政府规模》，《财政研究》2008 年第 1 期。

孙琳、潘春阳：《“利维坦假说”，财政分权和地方政府规模膨胀》，《财经论丛》2009 年第 3 期。

孙秀林、周飞舟：《土地财政与分税制：一个实证解释》，《中国社会科学》2013 年第 4 期。

王文剑：《中国的财政分权与地方政府规模及其结构》，《世界经济文汇》2010 年第 5 期。

吴木銮、林谧：《政府规模扩张：成因及启示》，《公共管理学报》2010 年第 4 期。

徐永胜、乔宝云：《财政分权度的衡量：理论及中国 1985—2007 年的经验分析》，《经济研究》2012 年第 10 期。

杨灿明、孙群力：《外部风险对中国地方政府规模的影响》，《经济研究》2008 年第 9 卷。

杨良松：《测量中国的省内财政分权》，《复旦公共行政评论》2015 年第 2 期。

杨子晖：《政府规模，政府支出增长与经济增长关系的非线性研究》，《数量经济技术经济研究》2011 年第 6 期。

银温泉、才婉茹：《我国地方市场分割的成因和治理》，《经济研究》2001 年第 6 期。

张光：《测量中国的财政分权》，《公共财政》2011 年第 6 期。

张晏、龚六堂：《分税制改革、财政分权与中国经济增长》，《经济学（季刊）》2005 年第 4 期。

周黎安：《中国地方官员的晋升锦标赛模式研究》，《经济研究》2007 年第 7 期。

庄玉乙、张光：《"利维坦"假说，财政分权与政府规模扩张：基于 1997—2009 年的省级面板数据分析》，《公共行政评论》2012 年第 4 期。

Acemoglu D. , "When Does Labor Scarcity Encourage Innovation?", *Journal of Political Economy*, Vol. 118, No. 6, 2010.

Acosta P. , "The 'Flypaper Effect' in Presence of Spatial Interdependence: Evidence from Argentinean Municipalities", *The Annals of Regional Science*, Vol. 44, No. 3, 2010.

Adam A. , Delis M. D. , Kammas P. , "Fiscal Decentralization and Public Sector Efficiency：Evidence from OECD Countries"，*Economics of Governance*，*Vol.* 15，No. 1，2014.

Alesina A. ，R. Wacziarg，"Openness，Country Size and Government"，*Journal of Public Economics*，Vol. 69，No. 3，1998.

Alhowaish A. K. ，"Eighty Years of Urban Growth and Socioeconomic Trends in Dammam Metropolitan Area，Saudi Arabia"，*Habitat International*，Vol. 50，2015.

Andreoni J. ，"Why Free Ride?：Strategies and Learning in Public Goods Experiments"，*Journal of Public Economics*，Vol. 37，No. 3，1988.

Ania A. B. ，A. Wagene，"Decentralized Redistribution in a Laboratory Federation"，*Journal of Urban economics*，Vol. 93，2016.

Antoci A. ，M. Galeotti，G. Iannucci，P. Russu，"Structural Change and Inter-Sectoral Mobility in a Two-Sector Economy"，*Chaos，Solitons & Fractals*，Vol. 79，2015.

Bardhan P. ，D. Mookherjee，"Capture and Governance at Local and National Levels"，*American Economic Review*，2000.

Bardhan P. ，D. Mookherjee，"Decentralizing Antipoverty Program Delivery in Developing Countries"，*Journal of Public Economics*，Vol. 89，No. 4，2005.

Barrett S. ，"Strategic Environmental Policy and International Trade"，*Journal of Public Economics*，Vol. 54，No. 3，1994.

Barseghyan L. ，S. Coate，"Bureaucrats，Voters，and Public Investment"，*Journal of Public Economics*，Vol. 119，2014.

Baskaran T. ，"Supranational Integration and National Reorganization：On the Maastricht Treaty's Impact on Fiscal Decentralization in EU Countries"，*Constitutional Political Economy*，Vol. 21，No. 4，2009.

Bental B. ，D. Demougin，"Declining Labor Shares and Bargaining Power：An Institutional Explanation"，*Journal of Macroeconomics*，Vol. 32，No. 1，2010.

Bertola G. , "Labor Policies and Capital Mobility in Theory and in Emu", *European Economic Review*, Vol. 87, 2016.

Blanchard O. , F. Giavazzi, "Macroeconomic Effects of Regulation and Deregulation in Goods and Labor Markets", *The Quarterly Journal of Economics*, Vol. 121, No. 6, 2003.

Blomquist W. , A. Dinar, K. E. Kemper, "A Framework for Institutional Analysis of Decentralization Reforms in Natural Resource Management", *Society and Natural Resources*, Vol. 23, No. 7, 2010.

Bodman P. , "Fiscal Decentralization and Economic Growth in the Oecd", *Applied Economics*, Vol. 43, No. 23, 2011.

Brennan G. , J. Buchanan, "Voter Choice: Evaluating Political Alternatives", *American Behavioral Scientist*, 1984.

Breton A. , *Competitive Governments*, Cambridge Books, 1996.

Breton A. and A. D. Scott, *The Economic Constitution of Federal States*, University of Toronto Press, 1978.

Brito D. L. , W. H. Oakland, "On the Monopolistic Provision of Excludable Public Goods", *The American Economic Review*, 1980.

Brueckner J. K. , "The Benefits of Codesharing and Antitrust Immunity for International Passengers, with an Application to the Star Alliance", *Journal of Air Transport Management*, Vol. 9, No. 2, 2003.

Cabral R. , A. V. Mollick, "Convergence Rates to Output Growth in a Global World: The Roles of Openness and Government Size", *The International Trade Journal*, Vol. 26, No. 3, 2012.

Caldeira E. , M. Foucault, G. Rota-Graziosi, "Decentralization in Africa and the Nature of Local Governments' Competition: Evidence from Benin", *International Tax and Public Finance*, Vol. 25, No. 9, 2014.

Cantarero D. , P. Perez, "Decentralization and Regional Government Size in Spain", *Portuguese Economic Journal*, Vol. 11, No. 3, 2012.

Chan K. S. , "Consistency and Limiting Distribution of the Least Squares

Estimator of a Threshold Autoregressive Model", *The Annals of Statistics*, 1993.

Chang W. , H. Tsai, S. Chen, "Government Expenditure Financing in a Two-Sector Cash-in-Advance Model of Endogenous Growth", *Journal of Public Economic Theory*, Vol. 15, No. 5, 2013.

Chen W. Y. , "Environmental Externalities of Urban River Pollution and Restoration: A Hedonic Analysis in Guangzhou (China)", *Landscape and Urban Planning*, Vol. 157, 2017.

Choi Y. Y. , "Relative Government Size in Globalization and Its Welfare Implications", *Applied Economics*, Vol. 42, No. 11, 2010.

D. C, North. *Structure and Change in Economic History*, W. W. Norton & Company, 1981.

Easterly W. , S. Rebelo, "Fiscal Policy and Economic Growth", *Journal of Monetary Economics*, Vol. 32, No. 3, 1993.

Elhorst J. P. , "Spatial Panel Data Models" . In: Fischer, M. , Getis, A. (eds) Handbook of Applied Spatial Analysis. Springer, Berlin, Heidelberg, 2010. https://doi. org/10. 1007/978-3-642-03647-7 _ 19.

Epifani P. , G. Gancia, "Openness, Government Size and the Terms of Trade", *Review of Economic Studies*, Vol. 76, No. 2, 2009.

Eusepi G. , "Contractual Fiscal Equivalence Versus Geographical Fiscal Equivalence", *Public Choice*, Vol. 104, No. 3 – No. 4, 2000.

Farzanegan M. R. , T. Mennel, "Fiscal Decentralization and Pollution: Institutions Matter", *MAGKS Joint Discussion Paper Series in Economics*, Vol. 33, No. 4, 2012.

Feld L. P. , J. Schnellenbach, "Political Institutions and Income (Re-) Distribution: Evidence from Developed Economies", *Public Choice*, Vol. 159, No. 3 – No. 4, 2013.

Ferris J. S. , S. B. Park, S. Winer, "Studying the Role of Political Competition in the Evolution of Government Size over Long Horizons", *Public Choice*, Vol. 137, No. 1 – No. 2, 2008.

Figueiredo C., A. da Silva, "A Matrix Exponential Spatial Specification Approach to Panel Data Models", *Empirical Economics*, Vol. 49, No. 1, 2015.

Fraser C. D., "On the Provision of Excludable Public Goods", *Journal of Public Economics*, Vol. 60, No. 1, 1996.

Fuest C., M. Kolmar, "A Theory of User-Fee Competition", *Journal of Public Economics*, Vol. 91, No. 3, 2007.

Fuest C., M. Kolmar, "Endogenous Free Riding and the Decentralized User-Fee Financing of Spillover Goods in a N-Region Economy", *International Tax and Public Finance*, Vol. 20, No. 2, 2013.

Gennari E., G. Messina, "How Sticky Are Local Expenditures in Italy? Assessing the Relevance of the Flypaper Effect through Municipal Data", *International Tax and Public Finance*, Vol. 21, No. 2, 2014.

Getachew Y. Y., S. J. Turnovsky, "Productive Government Spending and Its Consequences for the Growth-Inequality Tradeoff", *Research in Economics*, Vol. 69, No. 4, 2015.

Goel R. K., U. Mazhar, M. A. Nelson, R. Ram, "Different Forms of Decentralization and Their Impact on Government Performance: Micro-Level Evidence from 113 Countries", *Economic Modelling*, Vol. 62, 2017.

Golem S., L. M. Perovic, "An Empirical Analysis of the Relationship between Fiscal Decentralization and the Size of Government", *Czech Journal of Economics and Finance (Finance a uver)*, Vol. 64, No. 1, 2014.

Gordon R. H., J. B. Cullen, "Income Redistribution in a Federal System of Governments", *Journal of Public Economics*, Vol. 96, No. 11 – No. 12, 2012.

Groenewold N. , A. J. Hagge, "The Effects of Fiscal Equalisation in a Model with Endogenous Regional Governments: An Analysis in a Two-Region Numerical Model", *The Annals of Regional Science*, Vol. 41, No. 2, 2007.

Grossman P. , "Fiscal Decentralization and Government Size: An Extension", *Public Choice*, Vol. 62, No. 1, 1989.

Guo Z. , Z. Zheng, "Local Government, Polluting Enterprise and Environmental Pollution: Based on Matlab Software", *Journal of Software*, Vol. 7, No. 10, 2012.

Günther M. , T. Hellmann, "International Environmental Agreements for Local and Global Pollution", *Journal of Environmental Economics and Management*, Vol. 81, 2017.

Hammond G. W. , M. S. Tosun, "The Impact of Local Decentralization on Economic Growth: Evidence from Us Counties", *Journal of Regional Science*, Vol. 51, No. 1, 2011.

Hao R. , Z. Wei, "Fundamental Causes of Inland-Coastal Income Inequality in Post-Reform China", *The Annals of Regional Science*, Vol. 45, No. 1, 2010.

Hayek F. A. , *Individualism and Economic Order*, University of chicago Press, 1948.

He Q. , "Fiscal Decentralization and Environmental Pollution: Evidence from Chinese Panel Data", *China Economic Review*, Vol. 36, 2015.

Hernandez-Trillo F. , "Poverty Alleviation in Federal Systems: The Case of México", *World Development*, Vol. 87, 2016.

Huang B. , K. Chen, "Are Intergovernmental Transfers in China Equalizing?", *China Economic Review*, Vol. 23, No. 3, 2012.

Huber B. , M. Runkel, "Tax Competition, Excludable Public Goods, and User Charges", *International Tax and Public Finance*, Vol. 16, No. 3, 2009.

Jin H. , Y. Qian, B. R. Weingast, "Regional Decentralization and Fiscal Incentives: Federalism, Chinese Style", *Journal of Public Economics*, Vol. 89, No. 9 – No. 10, 2005.

Jin J. , H. Zou, "Fiscal Decentralization, Revenue and Expenditure Assignments, and Growth in China", *Journal of Asian Economics*, Vol. 16, No. 6, 2005.

Jin J. , H. Zou, "How Does Fiscal Decentralization Affect Aggregate, National, and Subnational Government Size?", *Journal of Urban Economics*, Vol. 52, No. 2, 2002.

Kappeler A. , T. Välilä, "Fiscal Federalism and the Composition of Public Investment in Europe", *European Journal of Political Economy*, Vol. 24, No. 3, 2008.

Kerr W. R. , "Income Inequality and Social Preferences for Redistribution and Compensation Differentials", *Journal of Monetary Economics*, Vol. 66, 2014.

Larson A. M. , F. Soto, "Decentralization of Natural Resource Governance Regimes", *Annual Review of Environment and Resources*, Vol. 33, No. 1, 2008.

Liberati P. , A. Sacchi. , "Tax Decentralization and Local Government Size", *Public Choice*, Vol. 157, No. 1 – No. 2, 2012.

Libman A. , "Words or Deeds: What Matters? On the Role of Symbolic Action in Political Decentralization", *Empirical Economics*, Vol. 123, No. 12, 2015.

Liu Y. , "Does Competition for Capital Discipline Governments? The Role of Fiscal Equalization", *International Tax and Public Finance*, Vol. 21, No. 3, 2014.

Marlow M. , "Public Sector Unions and Government Size", *Applied Economics Letters*, Vol. 20, No. 5, 2013.

Marrero G. , "Tax-Mix, Public Spending Composition and Growth",

Journal of Economics, Vol. 99, No. 1, 2010.

Moreno-Jiménez A., R. Cañada-Torrecilla, M. J. Vidal-Domínguez, A. Palacios-García, P. Martínez-Suárez, "Assessing Environmental Justice through Potential Exposure to Air Pollution: A Socio-Spatial Analysis in Madrid and Barcelona, Spain", *Geoforum*, Vol. 69, 2016.

Musgrave R. A., "Et, Ot and Sbt", *Journal of Public Economics*, Vol. 6, No. 1, 1976.

Oates W. E., P. R. Portney, "The Political Economy of Environmental Policy", *Handbook of Environmental Economics*, Vol. 1, 2003.

Oates W. E., R. M. Schwab, "Economic Competition among Jurisdictions: Efficiency Enhancing or Distortion Inducing?", *Journal of Public Economics*, Vol. 35, No. 3, 1988.

Oates W. E., "Searching for Leviathan: An Empirical Study", *The American Economic Review*, Vol. 75, No. 4, 1985.

Pal S., Z. Wahhaj, "Fiscal Decentralisation, Local Institutions and Public Goods Provision: Evidence from Indonesia. Local Institutions and Public Goods Provision: Evidence from Indonesia", *Journal of Comparative Economics*, Vol. 45, No. 2, 2015.

Qian Y., G. Roland, "The Soft Budget Constraint in China", *Japan and the World Economy*, Vol. 8, No. 2, 1996.

Que W., Y. Zhang, G. Schulze, "Is Public Spending Behavior Important for Chinese Official Promotion? Evidence from City-Level", *China Economic Review*, Vol. 54, 2019.

Que W., Y. Zhang, S. Liu, C. Yang, "The Spatial Effect of Fiscal Decentralization and Factor Market Segmentation on Environmental Pollution", *Journal of Cleaner Production*, Vol. 184, 2018.

Que W., Y. Zhang, S. Liu, "The Spatial Spillover Effect of Fiscal Decentralization on Local Public Provision: Mathematical Application and Empirical Estimation", *Applied Mathematics and Computation*,

Vol. 331, 2018.

Ram R., "Openness, Country Size, and Government Size: Additional Evidence from a Large Cross-Country Panel", *Journal of Public Economics*, Vol. 93, No. 1 – No. 2, 2009.

Rodden J., "Reviving Leviathan: Fiscal Federalism and the Growth of Government", *International Organization*, Vol. 57, No. 4, 2003.

Rogers D., J. Rogers, "Political Competition and State Government Size: Do Tighter Elections Produce Looser Budgets?", *Public Choice*, Vol. 105, No. 1 – No. 2, 2000.

Samuelson P. A., "The Pure Theory of Public Expenditure", *The Review of Economics and Statistics*, 1954.

Smith H. J. M., K. D. Revell, "Micro-Incentives and Municipal Behavior: Political Decentralization and Fiscal Federalism in Argentina and Mexico", *World Development*, Vol. 77, 2016.

Sorens J., "Fiscal Federalism, Jurisdictional Competition, and the Size of Government", *Constitutional Political Economy*, Vol. 25, No. 4, 2014.

Su F., R. Tao, L. Xi, M. Li, "Local Officials' Incentives and China's Economic Growth: Tournament Thesis Reexamined and Alternative Explanatory Framework", *China & World Economy*, Vol. 20, No. 4, 2012.

Tian X. L., Q. G. Guo, C. Han, N. Ahmad, "Different Extent of Environmental Information Disclosure across Chinese Cities: Contributing Factors and Correlation with Local Pollution", *Global Environmental Change*, Vol. 39, 2016.

Tiebout C. M., "A Pure Theory of Local Expenditures", *The Journal of Political Economy*, 1956.

Uchimura H., J. P. Jütting, "Fiscal Decentralization, Chinese Style: Good for Health Outcomes?", *World Development*, Vol. 37, No. 12,

2009.

Vollaard B. , "Temporal Displacement of Environmental Crime. Evidence from Marine Oil Pollution", *Journal of Environmental Economics and Management*, Vol. 82, 2017.

Wu A. , M. Lin, "Determinants of Government Size: Evidence from China", *Public Choice*, Vol. 151, No. 1 – No. 2, 2012.

Wöhrmann D. A. , "Fiscal Policy in a Lucasian General Equilibrium ModelwithProductive Government Spending", *Annals of Operations Research*, Vol. 88, 1999.

Xie D. , "On Time Inconsistency: A Technical Issue in Stackelberg Differential Games", *Journal of Economic Theory*, Vol. 76, No. 2, 1997.

Yang Z. , "An Investigation on the Nonlinear Relationship between Government Size, Expenditure Growth and Economic Growth", *The Journal of Quantitative & Technical Economics*, Vol. 6, 2011.

Young A. , "The Razor's Edge: Distortions and Incremental Reform in the People's Republic of China", *The Quarterly Journal of Economics*, Vol. 115, No. 4, 2000.

Zhang T. , H. Zou, "Fiscal Decentralization, Public Spending, and Economic Growth in China", *Journal of Public Economics*, Vol, 67, No. 2, 1998.

Zhang X. , "Fiscal Decentralization and Political Centralization in China: Implications for Growth and Inequality", *Journal of Comparative Economics*, Vol. 34, No. 4, 2006.

Zheng D. , M. Shi, "Multiple Environmental Policies and Pollution HavenHypothesis: Evidence from China's Polluting Industries", *Journal of Cleaner Production*, Vol. 141, 2017.

Zodrow G. R. , P. Mieszkowski. Pigou, Tiebout, "Property Taxation, and the Underprovision of Local Public Goods", *Journal of Urban economics*, Vol. 19, No. 3, 1986.

Zubrickas R. , "The Provision Point Mechanism with Refund Bonuses", *Journal of Public Economics*, Vol. 120, 2014.

索 引

A

Arellano-Bond 检验　60,64

B

保障性公共支出　71

边际替代率　47

边际转化率　47

冰山成本　146

C

CLUSTER 校正　60

财权　1,4,6,7,15,16,25,29,31—
　34,36—39,41,42,44,45,48,52,
　59,64,70,73,76,77,82,86,91,98,
　100,103,111,118,129,130,132,
　149,153,159—161,165,167—171

财政赤字　5,39,146,159

财政紧缩　98

财政竞争　8,9,18,39,60

财政自治权　22,36,41,162

财政自主性　16,24

D

搭便车　12,21,40,41,78—80,
　82—84,98,100,161,168

地方税　5,37,39,48,79,104,107,
　108,119,129,130,170

地方性公共品供给　11,12,21,25,
　26,28,41,64,70,74

地方性公共品供给能力　29,45,
　52,59,67,69,71,73,168

F

非竞争性　10,18,77,104

非排他性　10—12,104,144

分税制　3,4,33,34,36—38,53,
　132

福利损失　10,41

G

公地悲剧　42

公共池资源　29,45,52

公共支出结构　45,54,59,67,69,

71,123

公共支出偏好　　6,30,104,123,125,129,166

供给外溢　　41,42,74,75,101

规模报酬不变　　47

规模扩张　　9,14—16,28,39,40,44,51,52,55,60,67,70,71,73,167

规模效应　　14,23,25—30,39,40,43,55,69,167,168

过度识别检验　　60,64

H

Hausman 检验　　60

环境效应　　7,20,23,25—28,30,40,42,144,167

宏观税负　　2,7

J

集中化财政管理　　162

经济性分权　　4

竞争性均衡　　6,45,48,49

K

Kuhn-Tucker 技术　　6,76,80

空间杜宾模型　　88,112,133,147

空间权重矩阵　　76,88—91,100,112—114,119,123,147,148,153,159,160,169

空间外溢　　23,26,161

L

利维坦假说　　9,14—17,29,40,44—46,51,59,67,71,72,98,168

两部门一般均衡模型　　6,20,22,27

M

Moran's I 检验　　90,113,114,148

N

内生增长模型　　6,25,27,28,45,46,133

P

帕累托最优　　8,40,142

排放约束　　26,30,133,135—137,140,142,165,171

毗邻效应　　43,161

偏好效应　　19,23,25—28,30,42,43,129,167,170

偏微分矩阵计算模型　　1

Q

权力下放　　4,19,21,22,33,35,39,40,59,63,75,101,170

S

生产性公共支出　　42,71,98

生产要素分配　　6,19,20,26,103,107,108,110,118,123,125,129,130,170,171

使用者付费模型　6，27，76，77，100，168

事权　1，2，4，6，7，15，16，25，26，29，31，33，34，36—39，41，45，51，52，59，60，70，73，76，77，83，84，86，91，99—101，103，111，118，119，125，129，130，132，149，153，159，160，165，167—171

收支一条线　36

T

退还奖金机制　40

W

外部性　13—15，18，19，21，22，28，35，40，43，78，83，99，101，134，140，142—144，161，165，169，171

外溢效应　14，17，23，25，26，28—30，39，41—43，84，99，135，159，167，168

Wald 检验　91，114，153

稳健性检验　59，60，63，64，114，146

污染避难所假说　160

X

稀缺公共资源　8，44

系统广义矩估计　59

行政性分权　4

寻租　9，10，15，21，22，38

Y

要素市场分割　7，22，23，26，30，40，42，131，133—135，140，142，144，146，147，149，152，153，159，162，165，166，171

要素市场分割两部门模型　26，27

异质性偏好　48，63，72

影子价格　49，105，136，137，139，140，142

用脚投票　8，12，14，51，72，76

阈值效应　26，28，46，52，68，73

Z

粘纸效应　16，99

政府非预期的扩张路径　53

支出外溢　41

中间品市场　134，136，140，142

中央地方共享税　5，37

中央税　5，37，48

转移支付依赖度　45，54，59，67，69—71，73，168

资本—劳动力分配　6，20，103，108—112，118，119，123，125，130，170

资本积累　47，104，135

资本投入指数　47